Erfolg im Beruf durch gute Fachbücher

Große Servierkunde

Von Johannes Pries

Ausgezeichnet mit der Goldmedaille und dem Prädikat »Besonders zu empfehlen« von der Gastronomischen Akademie Deutschlands!

Das Handbuch vermittelt, erweitert und vertieft die Beherrschung aller servierkundlichen Vorgänge. Durch seine methodisch und inhaltlich straffe Gliederung, durch seine Vollständigkeit und Genauigkeit dient es als Lehrbuch ebenso wie als berufsbegleitendes Nachschlagewerk.

8., überarbeitete und erweiterte Auflage, 504 Seiten mit ca. 208 Abbildungen, z. T. farbig und über 270 Zeichnungen, 58,– DM.

Das Couvert

Der perfekt gedeckte Tisch

Von Degen/Jobst/Kessler

Prüfungsvorbereitung für gastgewerbliche Berufe
Die richtige Vorgehensweise beim Eindecken eines Tisches.
Ausführliche Beispiele mit tabellarischen Übersichtstafeln.
104 Seiten mit 59 Farbabbildungen brosch., 28,– DM

Wild

Die gastronomische Herausforderung
Von Graf Kujawski
Qualitätsmerkmale, Einkauf, Verarbeitung, Wissenswertes für Auszubildende und Küchenchefs.
Dieses Standardwerk gehört in die Hand jedes Küchenmeisters, der Ausbilder von Köchen und Servicepersonal sowie des gastronomischen Nachwuchses.

144 Seiten mit 100 Farbabbildungen, broschiert, 29,80 DM

Sprachen für Restaurant- und Hotelfachleute, Köche und Fachgehilfen

Je Band 18,– DM

Die vorliegenden Lehr- und Übungsbücher sollen es dem Lernenden ermöglichen, sich in kürzester Zeit die für die Ausübung seines Berufes im Gastgewerbe erforderliche Sprachgeläufigkeit, den fachspezifischen Wortschatz und die Grammatik der jeweiligen Sprache anzueignen. So wird dem Gesprächsstoff und den Redewendungen bezüglich Lokal, Mahlzeiten, Empfang, Küche, Zimmer, Speisen und Getränken besonders Rechnung getragen.

Richard Geissler
Englisch
15., verb. Aufl., 208 Seiten, brosch.

Egon Mayer
Spanisch
160 Seiten, brosch.

Elisabeth Neiger
Il Tedesco/Deutsch
Per il personale di albergo e ristorante/für italienische Kellner, Köche und Hotelangestellte.
3. Aufl., 208 Seiten, brosch.

Gastronomisches Wörterbuch in fünf Sprachen

Von E. Neiger
6., verbesserte und erweiterte Auflage, 144 Seiten, 19,80 DM.
Übersetzung und Erklärung der Speisekarten-Fachausdrücke für Küche und Bedienung.

CARL GERBER VERLAG · 8000 MÜNCHEN 45

Französisch

für Restaurant- und Hotelfachleute,
Köche sowie Fachgehilfen
im Gastgewerbe

von

RICHARD GEISSLER

Fachübersetzer
Lehrbeauftragter an der
Universität München

14., verbesserte Auflage

CARL GERBER VERLAG · MÜNCHEN

CIP-Kurztitelaufnahme der Deutschen Bibliothek

Geissler, Richard:
Französisch für Restaurant- und Hotelfachleute, sowie
Fachgehilfen im Gastgewerbe / von Richard Geissler. –
14., verb. Aufl. – München:
Gerber, 1990
ISBN 3-87249-173-3
NE: HST

ISBN 3 87249 173-3

14., verbesserte Auflage

Vorwort

Daß nunmehr bereits die 14. Auflage dieses Lehrbuches innerhalb verhältnismäßig weniger Jahre vorgelegt werden kann, spricht für seine Beliebtheit bei Lehrern und Schülern.

Die vorliegende Ausgabe wurde in wesentlichen Punkten ergänzt und berichtigt, wobei auch die Preisangaben auf den heutigen Stand gebracht wurden.

Der grammatikalische Teil wurde weiterhin nur so umfangreich wie nötig gehalten, um dem Wortschatz und den Redewendungen des Restaurants, der Küche und des Hotels den ihnen gebührenden Raum zu sichern. So erscheinen beispielsweise nur die wichtigsten unregelmäßigen Tätigkeitswörter und die gebräuchlichsten Formen des Konjunktivs. Dank seinem verhältnismäßig ausgedehnten Wörterverzeichnis kann das Buch auch als Nachschlagewerk Dienste leisten.

Für die zahlreichen anerkennenden Zuschriften und Anregungen, die mir in den vergangenen Jahren aus Fachkreisen zugegangen sind, möchte ich an dieser Stelle danken. Auch in Zukunft werde ich zweckdienliche Vorschläge nach Möglichkeit berücksichtigen.

München, im Frühjahr 1990

R. G.

Inhaltsverzeichnis

II. Teil

Das Tätigkeitswort

Das Umstandswort 46

Das Fürwort

Wortschatz, Redensarten, Gesprächsstoff

Die Speisenkarte

III. Teil

Das Tätigkeitswort

Wortschatz, Redensarten, Gesprächsstoff

Gespräche

9

Aussprache

Sprich langsam und deutlich jeden Laut aus und betone jeweils die letzte, voll ausgesprochene Silbe eines jeden Wortes. Besondere Sorgfalt ist den Nasallauten zu widmen. In den folgenden, als Aussprachebeispiele verwendeten französischen Wörtern sind alle Buchstaben, die nicht gesprochen werden, eingeklammert.

Das Französische kennt drei Akzente, die zur Bezeichnung der Aussprache und zur Unterscheidung gleichlautender Wörter dienen.

1. *accent aigu (nur auf e):* café
2. *accent grave (auf e, a, u):* frèr(e), où
3. *accent circonflexe (auf a, e, i, o, u):* f(e)nêtr(e), hôtel

A. Selbstlaute

„a" *(im Französischen: a, â, à)*
Dunkler, meist langer a-Laut (wie in „lahm"): tass(e), tar(d), gra(s), pât(e).
Heller, meist kurzer a-Laut (wie in „Satz"): la dam(e), à.

„ä" *(im Französischen: ai, ais, è, ê, ei, es).*
Sehr offen gesprochen (wie in „Äther"): frèr(e), f(e)nêtr(e), air, mai(s), pein(e), le(s), me(s).

„e" *(im Französischen: é, er, ed, et, ez, ai).*
Wie in „Leben": café, papie(r), pie(d), e(t), ne(z), j'ai, ferme(r), ferme(z), fermé.

„ö" *(im Französischen: eu, œu, e).*
Offenes ö (wie in „Körper"): beurr(e), neuf, bœuf.
Geschlossenes ö (wie in „Höhe"): peu, œu(fs), monsieur (sprich mößjö).
Kurzes, dumpfes ö (etwa wie in „Götter"): le, me, menu.

„i" *(im Französischen: i, î, ie, y).*
merci, Pari(s), dîne(r), ministr(e), vie, Lyon.

„o" (im Französischen: o, ô, au, eau).
　　Offenes o (wie in „Sonne"): mod(e), carott(e), por(c).
　　Geschlossenes o (wie in Rohr): po(t), sauc(e), rôti,
　　　gâteau, Bordeau(x).
„u" (im Französischen: ou)　soupe(r), journal, où, ou.
„ü" (im Französischen: u, û)　sur, sûr, plu(s), ru(e).

Doppelselbstlaute

oi (im Französischen) lies wie oa (ua): troi(s), foie, moi.
oy (im Französischen) lies wie oaj: voyag(e), aloyau.
ay (im Französischen) lies wie äj: paye(r), essaye(r).
ui (im Französischen) lies üi: cuisin(e), (h)uil(e).
uy (im Französischen) lies wie üj: essuye(r).
ail, aille (im Französischen) sprich wie aj: travai(l), Ver-
　　saill(es).
eil, eille (im Französischen) sprich wie ej: sommei(l), Mar-
　　seill(e).
euil, euille (im Französischen) sprich wie öj: chevreui(l),
　　feuill(e).
ille (im Französischen) sprich wie ij: vanill(e), cabillau(d).
　　Ausnahmen: vill(e) (sprich wiel), mill(e), tranquill(e).
Merke: Zwei Punkte über einem Selbstlaut bedeuten meist,
　　daß getrennt zu sprechen is* Noël (no/äl).

Nasallaute (vgl. „Bonbon")

Nasales „a", im Französischen: am, an, em, en: géran(t),
　　chambr(e), apprenti, camember(t).
Nasales „ä", im Französischen: aim, ain, im, in: simpl(e), vin,
　　faim, pain.
Nasales „o", im Französischen: om, on: bomb(e), bon.
Nasales „ö", im Französischen: um, un: parfum, un, lundi.

B. Mitlaute

c vor e, i oder y sprich wie scharfes s: glac(e), cél(e)ri, ciga-
　　rett(e), bicyclett(e).
c vor a, o, u oder Mitlaut sprich wie k: cav(e), corridor,
　　cuiss(e), sac, crèm(e).
ç immer wie scharfes s: ça, garçon, reçu.

12

ch wie scharfes sch: chais(e), chou, bouchon. *Ausnahmen:* Munich *(sprich* Münik), orchestr(e).

g vor e, i oder y sprich wie weiches sch (wie in „Loge"): géran(t), gibie(r).

g vor a, o, u oder Mitlaut sprich wie g: garni, gorg(e), goû(t), August(e), gran(d).

gu vor e, i, y wie g: langu(e), anguill(e).

h wird nie gesprochen, jedoch unterscheidet man 1. das häufiger vorkommende, vollkommen verstummte h, bei welchem man bindet und apostrophiert: un̲ hôtel, l'hôtel, *und 2. das in Wörtern germanischer Herkunft vorkommende, sogenannte gehauchte h, das zwar auch stumm ist, jedoch keine Bindung oder Apostrophierung erlaubt:* le (h)omar(d), (h)au(t), (h)or(s)-d'œuvr(e).

j immer wie weiches sch (wie in „Loge"): jardin, jeu, jour

qu sprich wie k: quatr(e), quinz(e), que.

s am Anfang der Wörter immer wie scharfes s: sel, si, salad(e).

s zwischen Selbstlauten und bei der Bindung wie weiches s: maison, les̲ étag(es), nous̲ avon(s).

v immer weich, nie wie „f" (vgl. „Viktor", engl. „very") venir, va, vrai.

x wie scharfes s: six, dix, Bruxelle(s); *am Ende und vor Mitlaut oft stumm:* pri(x), di(x) tabl(es); *bei Bindung wie weiches s:* six̲ assiett(es).

z am Ende stumm: ne(z) *(Ausnahme:* gaz, *sprich* gas); *am Anfang, zwischen Selbstlauten und bei Bindung wie weiches s:* zéro, seiz(e).

Verstummte Schlußbuchstaben

e (ohne Akzent) wird, außer bei einsilbigen Wörtern, nicht gesprochen: pomm(e), grand(e).

d, p, t als Schlußbuchstaben werden nicht gesprochen: lar(d), tro(p), chocola(t).

s als Schlußbuchstabe ist meist stumm: radi(s), gro(s), *wird aber in der Regel zum nächsten Wort hinübergebunden, wenn dieses mit Selbstlaut beginnt:* les̲ abrico(ts).

Leseübung

la tass(e), la dam(e), mon frèr(e), la f(e)nêtr(e), la pein(e), me(s) pie(ds), un papie(r), j'ai fermé la port(e), ferme(z) la cav(e), le menu, un peu de beurr(e), les œu(fs), non monsieu(r), la vie à Pari(s), bœuf à la mod(e), le rôti de por(c), le bordeau(x) blan(c), un journal, foie gra(s), essuye(z) les assiett(es), bon voyag(e), café crèm(e), sauc(e) à la vanill(e), j'ai sommei(l), de Versaill(es) à Marseill(e), cabillau(d) garni, le garçon et le géran(t), lang(ue) de bœuf, salad(e) de concombr(es), quinz(e) tabl(es), l'orchestr(e) va venir, nous avon(s) troi(s) chambr(es), dîne(r) en vill(e), mill(e) fran(cs), un (h)omar(d), de(s) (h)or(s)-d'œuvr(e), les hôtel(s) de Munich.

Das französische Alphabet

*Im nachstehenden ist die französische Aussprache der Buchstaben nur dann in Klammern angegeben, wenn sie von der deutschen verschieden ist. * bedeutet weiches (stimmhaftes) sch, wie in „Loge"; + bedeutet weiches v, etwa wie in „Viktor". Jeweils rechts ist die in Frankreich gebräuchliche Buchstabiertafel wiedergegeben.*

a		Anatole	n		Nicolas
b		Berthe	o		Oscar
c	(see)	Célestin	p	(pee)	Pierre
d		Désiré	q	(kü)	Quintal
e	(ö)	*Eugène			(= Zentner)
é	(ee)	Émile	r		Raoul
f		François	s		Suzanne
g	(*schee)	Gaston	t		Thérèse
h	(asch)	Henri	u	(ü)	Ursule
i		Irma	v	(+wee)	Victor
j	(*schi)	*Joseph	w	(+dublwee)	William
k		Kléber	x	(iks)	Xavier
l		Louis			(spr. gsawié)
m		Marcel	y	(igrek)	+Yvonne
			z	(sed)	Zoé

I. Teil (Première partie)

1. Übung (Première leçon)

Das Hauptwort

le garçon *der Kellner*
la dame *die Dame*
l'apprenti *(m.) der Lehrling*

l'assiette *(weibl.l) der Teller*
un client *ein Kunde, ein Gast*
une bonne *ein Dienstmädchen*

Die französische Sprache hat nur 2 Geschlechtswörter (Artikel): männlich und weiblich. Der bestimmte Artikel für das männliche Geschlecht heißt le, für das weibliche la; beide werden vor einem Selbstlaut und vor einem stummen „h" zu l' (apostrophiert).

Der unbestimmte Artikel für das männliche Geschlecht heißt un, für das weibliche une.

Merke: Viele Hauptwörter, die im Deutschen männlich sind, haben im Französischen den weiblichen Artikel, ebenso haben auch viele Hauptwörter, die im Deutschen weiblich sind, im Französischen den männlichen Artikel; vgl. la table = *der Tisch;* le beurre = *die Butter. Es ist daher unbedingt nötig, bei den Hauptwörtern den jeweiligen Artikel mitzulernen.*

le restaurant *das Gasthaus*
le café *das Kaffeehaus*
la salle à manger *der Speisesaal*
la cuisine *die Küche*
la cave *der Keller*
la toilette *die Toilette*
le téléphone *das Telefon*
le patron *der Arbeitgeber, Wirt, Besitzer*
la patronne *die Arbeitgeberin usw.*

le gérant *der Geschäftsführer*
le cuisinier *der Koch*
le chef de cuisine *der Küchenchef*
l'apprenti cuisinier *der Kochlehrling*
l'hôtel *(m.) das Hotel*
la chambre *das Zimmer*
la porte *die Tür*
la fenêtre *das Fenster*
le bureau *das Büro, der Schreibtisch*

15

le corridor ⎫ *der Gang,*
le couloir ⎭ *Hausflur*
l'étage *(männl.) das Stock-*
. *werk*
l'ascenseur *(m.) der Lift,*
Aufzug
le portier *der Portier*

le chasseur, le groom *der*
Hotelpage
l'étranger *(m.) der Fremde*
le garçon d'étage *der*
Zimmerkellner
la femme de chambre
das Zimmermädchen
la serveuse *Kellnerin*

Aufgabe: Vertausche den bestimmten Artikel mit dem unbestimmten! Verbinde zueinanderpassende Hauptwörter durch „und" = et untereinander (keine Bindung des t!).

Beachte: Im folgenden werden „sprich" mit „spr.", „männlich" mit „m." und „weiblich" mit „w." abgekürzt.

2. Übung (Deuxième leçon)
Die Gegenwart des Hilfszeitwortes être (sein)

Je suis *ich bin*
tu es *du bist*
il est *er (es) ist*
elle est *sie ist*
on est *man ist*
nous sommes *wir sind*
vous êtes *Sie sind (Höflich-*
keitsform), ihr seid
ils (elles) sont *sie sind*

est-ce que je suis? ⎫ *bin ich?*
suis-je *(seltener)* ⎭
es-tu? *bist du?*
est-il? *ist er? ist es?*
est-elle? *ist sie?*
est-on? *ist man?*
sommes-nous? *sind wir?*
êtes-vous? *sind Sie? seid ihr?*
sont-ils (elles)? *sind sie?*

oui *ja*
non *nein*
monsieur *mein Herr*
madame *gnädige Frau*
mademoiselle *mein Fräulein*
le monsieur *der Herr*
la demoiselle *das Fräulein*
Monsieur Dupont
    Herr Dupont
Madame Dupont *Frau Dupont*
Mademoiselle D. *Fräulein D.*
le service *der Dienst*

l'heure *(w.) die Stunde*
la disposition *die Verfügung*
le retard *die Verspätung*
et *und*
ou *oder*
où *wo?*
à droite *rechts*
à gauche *links*
trop *zuviel*
votre *Ihr, Ihre*
là-bas *da unten, dort hinten*
dans *in*

à *in (bei Orten)*   bonne nuit *gute Nacht*
bonjour *guten Tag*   bon voyage *gute Reise*
bonsoir *guten Abend*   au revoir *auf Wiedersehen*

R e d e n s a r t e n :
  je suis pressé *ich habe es eilig*
  je suis à vous *ich stehe zu Diensten*
  je suis à votre disposition *ich stehe zu Ihrer Verfügung*
  je suis de service *ich habe Dienst*
  je suis en retard *ich habe mich verspätet*
  　　　　　　　　　　 ich bin spät dran
  je suis à l'heure *ich komme rechtzeitig*
  je suis de trop *ich bin überflüssig*
  (je suis) à votre service *bitte (nach „danke")*
  je suis de votre avis *ich bin Ihrer Ansicht*
  voici *hier ist, hier sind (wörtlich „sieh hier")*
  voilà *da (dort) ist, da (dort) sind (wörtlich „sieh dort")*
  le voici, la voici *hier ist er, hier ist sie*
  le voilà, la voilà *dort ist er, dort ist sie*

Voici un hôtel. — Le patron, le portier et le chasseur sont
dans l'hôtel. — Où est la patronne? Elle est dans le restaurant. — Je suis apprenti garçon. — Tu es apprenti cuisinier.
— Il est gérant. — Elle est femme de chambre. — Le client
est dans la chambre. — Es-tu chasseur? Oui, monsieur *(nie
„oui" oder „non" allein!)*. — Est-elle femme de chambre?
Non, madame, elle est bonne. — Etes-vous en retard? Non,
mademoiselle, je suis à l'heure. — Où est le téléphone? Le
voici, monsieur! — Et la cuisine? La voilà, madame. — Où
est le bureau? Là-bas, à droite (à gauche). — Merci! A votre
service, monsieur! — Garçon! Voilà, mademoiselle! — Nous
sommes de service. — Le chasseur est à votre disposition,
Monsieur Dupont. — Chasseur! Je suis à vous, monsieur. —
Bonjour, mademoiselle! — Bonsoir, Monsieur Dupont! — Au
revoir, madame, bon voyage!

3. Übung (Troisième leçon)
V e r n e i n u n g   d e s   Z e i t w o r t e s

*Die Verneinung geschieht im Französischen durch „ne ...
pas". „Ne" wird vor das Zeitwort (Hilfszeitwort), „pas" un-*

mittelbar dahinter gestellt. Trifft „ne" auf eine Zeitwortform, die mit Selbstlaut oder stummem h beginnt, so wird das ne *zu* n', *z. B.:*

je **ne** suis **pas** *ich bin nicht*
tu **n'**es **pas** *du bist nicht*
il n'est pas *er (es) ist nicht*
elle n'est pas *sie ist nicht*
on n'est pas *man ist nicht*
nous ne sommes pas *wir sind nicht*
vous n'êtes pas *Sie sind nicht, ihr seid nicht*
ils (elles) ne sont pas *sie sind nicht*

Bei der verneinten Frage steht „ne" vor dem Zeitwort (Hilfszeitwort), „pas" hinter dem Fürwort, z. B.:

ne suis-je **pas?** (est-ce que je ne suis pas?) *bin ich nicht?*
n'es-tu **pas?** *bist du nicht? usw.*

la table *der Tisch*	la carte des vins *die Wein-*
la chaise *der Stuhl*	*karte*
la nappe *das Tischtuch*	la bouteille *die Flasche*
le menu *1. die Speisekarte,*	le verre *das Glas*
2. das zusammen-	la carafe *die Weinflasche*
gestellte Menü	le carafon *das Fläschchen*
le couvert *das Gedeck*	*(Schoppen)*
l'assiette *(w.) der Teller*	la demi-bouteille
la cuiller *der Löffel*	*die ¹/₂-Flasche*
le couteau *das Messer*	la tasse *die Tasse*
la fourchette *die Gabel*	la soucoupe *die Untertasse*
le buffet *das Büfett, der*	la cigarette *die Zigarette*
Speiseschrank, das Bahn-	**le** cigare *die Zigarre*
hofsrestaurant	le cendrier *der Aschenbecher*
sur *auf*	l'allumette *(w.) das Zündholz*
sous *unter*	le briquet *das Feuerzeug*
entre *zwischen*	le journal *die Zeitung*
de *von*	le tabac *(spr. taba) der Tabak*
en *davon, deren*	si *ob, wenn, falls, doch, so*
mais *aber, sondern*	s'il vous plaît *bitte (wörtlich:*
y *dort, dorthin*	*wenn es Ihnen gefällt)*

La nappe est sur la table. — La soucoupe est sous la tasse. — La carafe est dans le buffet. — La bouteille et le verre sont sur la table. — Voici un couvert. — Le couteau est à droite. — Et la fourchette? Elle est à gauche. — L'assiette est entre le couteau et la fourchette. — Garçon, une cuiller, s'il vous plaît! Voilà, monsieur! — Merci! A votre service, monsieur!

Übersetze und beantworte die Fragen: Wo ist das Telefon? Wo ist die Weinkarte? Wo ist der Wein? Wo ist die Zigarre? Wo ist die Untertasse? Wo ist das Tischtuch? Wo sind der Tisch und der Stuhl?

Übersetze: Das Messer ist nicht links, sondern rechts. Er ist nicht Besitzer, sondern Geschäftsführer. Ist er rechtzeitig (da)? Nein, er ist spät dran. Bist du Kellnerlehrling? Nein, mein Herr, ich bin Hotelpage. Sind Sie Zimmermädchen? Nein, gnädige Frau, ich bin das Dienstmädchen; das Zimmermädchen ist in Ihrem Zimmer.

4. Übung (Quatrième leçon)
Die Mehrzahl des Hauptwortes

La table est dans la salle à manger. *Der Tisch ist im Speisesaal.*

Les tables sont dans la salle à manger. *Die Tische sind im Speisesaal.*

Le garçon est dans le bureau. *Der Kellner ist im Büro.*

Les garçons sont dans la cave. *Die Kellner sind im Keller.*

Man bildet die Mehrzahl eines Hauptwortes, indem man an dessen Einzahlform ein „s" anfügt. Die Aussprache bleibt unverändert; nur in der Bindung ist das „s" als stimmhaftes (weiches) s hörbar.

Der bestimmte Artikel heißt in der Mehrzahl für beide Geschlechter „les". Auch hier wird das „s" nur in der Bindung hörbar.

Besonderheiten bei der Mehrzahlbildung:

1. le pois *die Erbse*   les pois *die Erbsen*
   la noix *die Nuß*   les noix *die Nüsse*
   le nez *die Nase*   les nez *die Nasen*

Hauptwörter auf s, x, z verändern sich in der Mehrzahl nicht.

2. le couteau *das Messer*   les couteaux *die Messer*
   le jeu *das Spiel*   les jeux *die Spiele*
   le chou *der Kohl*   les choux *die Kohlarten*

Die Hauptwörter auf au, eu und einige auf ou nehmen in der Mehrzahl ein „x" an.

3. le journal *die Zeitung*   les journaux *die Zeitungen*
   le travail *die Arbeit*   les travaux *die Arbeiten*

Die meisten Hauptwörter auf al und einige auf ail verwanaeln diese Endungen in der Mehrzahl in aux.

4. *Merke besonders:*

  l'œil *(m.) (spr. l'öj) das Auge*   les yeux *(läsjö) die Augen*
  le monsieur *der Herr*   les messieurs *die Herren*
  l'œuf *(m.) (spr. löf) das Ei*   les œufs *(spr. läsö) die Eier*

Les bureaux sont là-bas. — Où sont les noix? Elles sont sur les assiettes. — Les couteaux sont à droite. — Où sont les journaux? Les voici *(hier sind sie)*, monsieur. — Les jeux sont sur la table.

Setze alle bisher gelernten Hauptwörter sowie die passenden Sätze der früheren Übungen in die Mehrzahl!

Das Personal (Le personnel)

le (la) concierge *Hausmeister(in), Portier*
la caissière *Kassierin (bedient in Frankreich nicht!)*
le maître d'hôtel *(erster) Oberkellner (in feinen Restaurants), Haushofmeister (in Privathaus)*
l'extra *(m.) der Aushilfskellner*
le chef de réception *Empfangschef*
l'interprète *(m.) Dolmetscher*

le plongeur *Geschirrwäscher*
l'habitué *der Stammgast*
le fumeur *der Raucher*
non-fumeur *Nichtraucher*
les gens *die Leute*
l'habit *(m.) der Frack*
la cravate *die Krawatte*
le smoking *der Smoking*
la veste *die Jacke (des Kellners, des Kochs)*
la toque *die Mütze des Kochs, des Konditors*
le tablier *die Schürze*

5. Übung (Cinquième leçon)

Gegenwart des Hilfszeitwortes
avoir (haben)

j'ai *(e fällt aus) ich habe*   est-ce que j'ai? *(ai-je?) habe ich?*
tu as *du hast*   as-tu? *hast du?*

il a *er (es) hat*	a-t-il? *(t des Wohlklangs wegen eingeschoben) hat er? (es?)*
elle a *sie hat*	a-t-elle? *hat sie?*
on a *man hat*	a-t-on? *hat man?*
nous avons *wir haben*	avons-nous? *haben wir?*
vous avez *Sie haben (Höflichkeitsform), ihr habt*	avez-vous? *Haben Sie? habt ihr?*
ils (elles) ont *sie haben*	ont-ils (elles)? *haben sie?*

Verneinung:

je n'ai pas *ich habe nicht usw.*

Fragend verneint:

n'ai-je pas? (est-ce que je n'ai pas?) *habe ich nicht?*
n'as-tu pas? *hast du nicht?*
n'a-t-il pas? *hat er nicht? usw.*

Redensarten:

j'ai faim *ich habe Hunger, ich bin hungrig*
j'ai soif *ich habe Durst, ich bin durstig*
j'ai sommeil *ich habe Schlaf*
j'ai froid *es friert mich, es ist mir kalt*
j'ai chaud *es ist mir warm*
j'ai raison *ich habe recht*
j'ai tort *ich habe unrecht*
j'ai **le** temps *ich habe Zeit*
je n'ai pas **le** temps *ich habe keine Zeit*
il y a *es gibt*
il n'y a pas *es gibt nicht*
il y en a *es gibt welche (deren)*
y a-t-il? *gibt es?*
y en a-t-il? *gibt es welche?*

Übung: *Gebrauche obige und frühere Redensarten verneint, fragend und fragend verneint für alle Personen der Einzahl und Mehrzahl!*

Das hinweisende Fürwort

ce monsieur *dieser Herr,* **cet** étage *dieses Stockwerk,*
cet hôtel *dieses Hotel,* **cette** dame *diese Dame,*
ces verres *diese Gläser,* **ces** assiettes *diese Teller*

cette table-**ci** *dieser Tisch hier*
cette table-**là** *jener Tisch (dieser Tisch dort)*
c'est *(„e" fällt aus) das ist;* ceci *dies;* cela (ça) *das*
ce sont *das sind;* c'est cela (ça) *so ist's recht*
n'est-ce pas? *(spr. näspa) nicht wahr?*

Das hinweisende Fürwort heißt für männliche Hauptwörter in der Einzahl „ce", vor Selbstlaut und stummem „h" „cet", für weibliche Hauptwörter „cette". In der Mehrzahl lautet es für beide Geschlechter „ces".

Die im Deutschen durch Verwendung von „dieser" und „jener" (in der Umgangssprache: „dieser hier" und „der ... dort") mögliche Unterscheidung geschieht im Französischen durch Anhängen von -ci (für das näher beim Sprechenden Befindliche) und -là (für das Entferntere).

Alleinstehend: celui-ci *dieser hier;* celui-là *jener (der) dort;* celle-ci *diese hier;* celle-là *jene (die) dort.*

Ü b u n g : Ce monsieur est cuisinier. — Cette fourchette est de trop. — Cet apprenti est à l'heure. — Ces clients sont en retard. — Cette chaise-ci est prise *(besetzt),* cette chaise-là (celle-là) est libre *(frei).*

6. Übung (Sixième leçon)
Die Fragefürwörter

1. **Qui** est ce monsieur à droite? C'est Monsieur Dupont.
   Wer ist dieser Herr rechts? Das ist Herr Dupont.
   Qui est cette dame à gauche? C'est la patronne.
   Qui sont ces messieurs-là? C'est le gérant et le cuisinier.
   (*Auch:* Ce sont Messieurs Dupont et Leclerc.)
   Qui sont ces dames? Ce sont Mesdames Lambert et Duval.
   Qui êtes-vous? Je suis le patron (je suis la patronne).
   Qui? Wer? *fragt nach P e r s o n e n (beider Geschlechter und Zahlen).*

2. **Que** suis-je? (**qu'est-ce que** je suis?) *Was bin ich?* Tu es chasseur.
   Qu'est-elle? (qu'est-ce qu'elle est?) Elle est femme de chambre.
   Que sommes-nous? (qu'est-ce que nous sommes?) Vous êtes apprentis garçons.
   Qu'as-tu? (qu'est-ce que tu as?) J'ai un couteau.

Que? (mit darauffolgender Fragestellung) **Qu'est-ce que:** (ohne darauffolgende Fragestellung)	Was? (für S a c h e n)

3. Qu'est-ce que c'est?
Qu'est-ce que cela?
Qu'est-ce que c'est que cela (ça)?
C'est une assiette.   *Was ist das (dies)?*

4. Qu'est-ce **qui** est dans le buffet?   *Was ist im Büfett?*
Les assiettes sont dans le buffet.

Qu'y a-t-il dans la bouteille?
Qu'est-ce qu'il y a dans la bouteille?   *Was ist (was gibt es) in der Flasche?*

Le petit déjeuner *das Frühstück*
le goûter *das Vesperbrot (Nachmittagstee, -kaffee)*
le café *der Kaffee*
la cafetière *Kaffekanne*
le thé *der Tee*
la théière *Teekanne*
le lait *die Milch*
le chocolat *die Schokolade*
la crème *der Rahm (bei Suppen: passiert, legiert)*
le beurre *die Butter*
le pain *das Brot*
le petit pain *das Brötchen*
le sucre *der Zucker*
le miel *der Honig*
le jambon *der Schinken*
la confiture *die Marmelade*
le croissant *das Hörnchen*

le pain bis (noir) *Schwarzbrot*
le déjeuner *das Mittagessen*
le dîner *das Abendessen*
le souper *das Souper (nach dem Theater, Ball usw.)*
le repas *die Mahlzeit*
le potage *die Suppe*
la viande *das Fleisch*
le légume *das Gemüse (gewöhnlich in der Mehrzahl)*
le dessert *der Nachtisch*
le fruit *die Frucht, das Obst*
le fromage *der Käse*
le sel *das Salz*
le poivre *der Pfeffer*
la moutarde *der Senf*
l'huile *(w.) das Öl*
le vinaigre *der Essig*
avec *mit*

Ü b e r s e t z e : *Was ist das? Das ist die Schokolade von Herrn Dupont. — Was ist in der Tasse? Der Tee von Frau Leclerc. — Wer bist du? Ich bin der Hotelpage. — Was ist er? Er ist Kochlehrling. — Was haben Sie in Ihrer Hand, Herr Duval? Ich habe eine Zeitung. — Wer ist der*

Geschäftsführer? Das ist Herr Lambert. — Wo ist er? Er ist im Speisesaal.

K o n v e r s a t i o n : Où est le café? Dans quoi *(worin)* est le thé? Où est la confiture? Y a-t-il un petit pain sur l'assiette?

7. Übung (Septième leçon)
D e r   T e i l u n g s a r t i k e l

1. Garçon, **du** lait, s'il vous plaît! *Kellner, M i l c h , bitte!*
— Vous avez **de la** liqueur dans votre verre. *Sie haben L i k ö r in Ihrem Glas.* — Y a-t-il **de l'**eau dans cette carafe? *Ist W a s s e r in dieser Flasche?* — Sur la table il y a **des** fourchettes. *Auf dem Tisch sind G a b e l n.*

In allen diesen Fällen ist nicht bekannt, wieviel von einem Ganzen oder welcher Teil einer Menge gemeint ist. Im Französischen kann hier das Hauptwort nicht ohne irgendeinen Artikel stehen, man sagt daher:

für „Milch" = von der Milch = de le lait = **du** *lait,*
für „Likör" = von dem Likör = **de la** *liqueur,*
für „Gabeln" = von den Gabeln = de les fourchettes = **des** *fourchettes.*

Die Formen des sogenannten Teilungsartikels sind also:
du *(entstanden aus „de le") für männliche Hauptwörter, die mit Mitlaut oder „gehauchtem" h beginnen,*
de la *für weibliche Hauptwörter,*
de l' *für alle mit Selbstlaut oder stummem „h" beginnenden Hauptwörter,*
des *für alle Hauptwörter in der Mehrzahl.*

W e i t e r e   B e i s p i e l e :
du chou, du travail, du café, du thé, du beurre;
de la crème, de la confiture, de la viande;
de l'œuf, de l'huile;
des croissants, des légumes, des fruits;
des assiettes, des chambres, des étages.

2. Garçon, **une bouteille de** vin! *Kellner, eine Flasche Wein!*
— Un verre d'eau, s'il vous plaît! *Ein Glas Wasser, bitte!* — Dans ce café il y a beaucoup de sucre. *In diesem Kaffee ist viel Zucker.* — Sur cette table, il n'y a pas de couteaux. *Auf diesem Tisch sind keine Messer.*

„De" allein wird gebraucht nach Maßen und Gewichten:

une bouteille de vin *eine Flasche Wein*	*vergleiche im Englischen:*
un kilo de sel *ein Kilo Salz*	
un litre d'huile *ein Liter Öl*	a bottle of wine
une tasse de chocolat *eine Tasse Schokolade*	a pound of salt *usw.*

Ferner nach den Umstandswörtern der Menge:

beaucoup *(viel)*, peu *(wenig)*, trop *(zu viel)*, trop peu *(zu wenig)*, tant *(soviel)*, assez *(genug, ziemlich viel)*; (ne . . .) pas *(nicht, keine)*.

Un kilo de fromage et un litre de vinaigre, s'il vous plaît! Voilà, mademoiselle. — J'ai trop peu de viande. — Il a trop de légumes. — Nous n'avons pas assez de chambres. — Garçon, un petit pain, du beurre et de la confiture, s'il vous plaît! Voilà, monsieur. — Et avec cela *(dazu)?* Du café, monsieur? Non, merci, pas de café, du thé. — Avez-vous des journaux? Nous n'avons pas de journaux. — Pas tant de sel, s'il vous plaît! — Il n'y a pas assez de sucre et de lait dans cette tasse de thé. — Qu'est-ce qu'il y a sur cette soucoupe? Des croissants, madame. Et sur cette assiette-là? Des noix.

8. Übung (Huitième leçon)

Die Tätigkeitswörter auf - er

parler *sprechen (Stamm* parl-, *Endung* -er, *Mittelwort der Vergangenheit* parlé = *gesprochen)*

Gegenwart

je parl**e** *ich spreche*
tu parl**es** *du sprichst*
il (elle, on) parl**e** *er (sie, man) spricht*
nous parl**ons** *wir sprechen*
vous parl**ez** *Sie sprechen, ihr sprecht*
ils (elles) parl**ent** *sie sprechen*

Von den verschiedenen Endungen der Gegenwart sind -e, -es und -ent *stumm.*

je ne parle pas *ich spreche nicht*
tu ne parles pas *du sprichst nicht usw.*

est-ce que je parle? *spreche ich?*
parles-tu? (est-ce que tu parles?) *sprichst du?*
parle-t-il? (est-ce qu'il parle?) *spricht er?*
parle-t-elle? (est-ce qu'elle parle?) *spricht sie?*
("t" des Wohlklangs wegen eingeschoben)

parlons-nous? (est-ce que nous parlons?) *sprechen wir?*
parlez-vous? (est-ce que vous parlez?) *sprechen Sie?*
sprecht ihr?
parlent-ils (elles)? (est-ce qu'ils parlent?) *sprechen sie?*
est-ce que je ne parle pas? *spreche ich nicht?*
ne parles-tu pas? (est-ce que tu ne parles pas?) *sprichst*
du nicht?
ne parle-t-il pas (est-ce qu'il ne parle pas?) *spricht er nicht?*
usw.

Befehlsform

parle! *sprich!*   ne parle pas! *sprich nicht!*
parlons! *sprechen wir!*   ne parlons pas! *sprechen wir*
                                  nicht!
parlez! *sprechen S i e !*   ne parlez pas! *sprechen S i e*
                                  nicht! sprecht nicht!

Weitere Tätigkeitswörter:

commander *bestellen*   gagner *verdienen, gewinnen*
désirer *wünschen*   montrer *zeigen*
déjeuner *frühstücken, zu*   porter *tragen*
  Mittag essen   saluer *grüßen*
dîner *zu Abend essen*   apporter *bringen*
souper *soupieren*   aimer *lieben, gern haben*
donner *geben*   entrer *eintreten*
fermer *schließen*   habiter *wohnen, bewohnen*

*Beachte die Apostrophierung bei Tätigkeitswörtern, die
mit Selbstlaut oder stummem „h" beginnen:* j'aime, j'habite,
je n'aime pas, il n'habite pas *usw.*

*Übersetze: Ich bestelle eine Flasche Wein. Was wün-
schen Sie, gnädige Frau? Geben Sie mir (moi) ein Glas Likör!
Sprechen Sie französisch (français)? Ja, mein Herr, ein wenig.
Wir essen zu Abend. Wir essen zu Mittag mit dem Besitzer.
Bringen Sie mir die Zeitungen! Hier sind sie, mein Herr!
Haben Sie den Käse gern? Nein, ich habe den Käse nicht*

gern. Die Kellner bringen keinen Wein. Schließe die Tür!
Ich bewohne dieses Hotel. Er tritt nicht ein. Sprichst du
nicht französisch? Doch, mein Herr. Treten Sie ein (=herein)!

9. Übung (Neuvième leçon)

Das Eigenschaftswort

1. **Le** restaurant est grand, c'est un grand restaurant. *Das*
   Restaurant ist groß, es ist ein großes Restaurant.
   La salle est grande, c'est une grande salle. *Der Saal ist*
   groß, es ist ein großer Saal.

2. **Le** couteau est propre, c'est **un** couteau propre. *Das Mes-*
   ser ist rein, es ist ein reines Messer.
   La cuiller est propre, c'est **une** cuiller propre. *Der Löffel*
   ist sauber, es ist ein sauberer Löffel.

3. **Le** vin est blanc, c'est **du** vin blanc. *Der Wein ist weiß,*
   es ist Weißwein.
   La nappe est blanche, c'est **une** nappe blanche. *Das Tisch-*
   tuch ist weiß, es ist ein weißes Tischtuch.

Das Eigenschaftswort richtet sich im Französischen in Zahl
und Geschlecht immer nach dem dazugehörigen Hauptwort.

Die weibliche Form wird im allgemeinen durch Anhängen
eines „e" an die männliche Form gebildet (Beispiel 1). Endigt
die männliche Form bereits auf ein stummes „e", so ist sie
zugleich auch weibliche Form (Beispiel 2).

Manche Eigenschaftswörter bilden die weibliche Form un-
regelmäßig (Beispiel 3).

a) Le journal français *die französische Zeitung*
   l'église catholique *die katholische Kirche*
   des assiettes blanches *weiße Teller*

b) le grand hôtel *das große Hotel*
   la haute salle *der hohe Saal*
   les bons fruits *die guten Früchte*

Die Mehrzahl der Eigenschaftswörter wird wie bei den
Hauptwörtern durch Anhängen eines „s" an die Einzahl ge-
bildet.

Stellung der als Beifügung gebrauchten Eigenschaftswörter:
a) Eigenschaftswörter, die eine Nation, Religion, Farbe oder

andere mit den Sinnen wahrnehmbare, wichtige Eigenschaf-
ten bezeichnen, stehen n a c h *dem Hauptwort (Beispiel a).*

b) V o r *dem Hauptwort stehen oft gebrauchte und dabei*
kurze Eigenschaftswörter, vor allem

bon (*w.* bonne) *gut*	haut *hoch*
beau (*w.* belle) *schön*	joli *hübsch*
mauvais *schlecht*	méchant *boshaft*
grand *groß*	jeune *jung*
petit *klein*	vieux (*w.* vieille) *alt*
gros (*w.* grosse) *dick*	nouveau (*w.* nouvelle) neu

M e r k e b e s o n d e r s :

  un nouvel appartement *eine neue Wohnung*
  un bel hôtel *ein schönes Hotel*
  un vieil ami *ein alter Freund*

Einige Eigenschaftswörter haben vor dem Hauptwort in
der E i n z a h l *eine zweite männliche Form (nur vor Selbst-*
laut oder stummem „h").

Ü b u n g : *Bilde Sätze unter Verwendung aller bisher ge-*
lernten Hauptwörter und Eigenschaftswörter!

10. Übung (Dixième leçon)

L ä n d e r - u n d O r t s n a m e n . N a t i o n a l i t ä t

la Bavière *Bayern*	le Bavarois *der Bayer* *
l'Allemagne *Deutschland (w.)*	l'Allemand *der Deutsche* *
l'Autriche *Österreich (w.)*	l'Autrichien *der Österreicher*
la France *Frankreich*	le Français *der Franzose* *
la Suisse *die Schweiz*	le Suisse *der Schweizer*
l'Angleterre *England (w.)*	l'Anglais *der Engländer* *
l'Italie *Italien (w.)*	l'Italien *der Italiener*
l'Espagne *Spanien (w.)*	l'Espagnol *der Spanier* *
la Russie (l'U.R.S.S.) *Rußland*	le Russe *der Russe*
l'Amérique *Amerika (w.)*	l'Américain *der Amerikaner* *
la Belgique *Belgien*	le Belge *der Belgier*

Bei den mit * *bezeichneten Wörtern erhält man die weib-*
liche Form durch Anhängen von „e" und Voranstellen des
weiblichen Artikels „la" anstatt des männlichen. Merke be-
sonders: l'Autrichienne *die Österreicherin;* la Suissesse *die*
Schweizerin; l'Italienne *die Italienerin;* la Russe *die Russin.*
Klein geschrieben sind die rechtsstehenden Wörter Eigen-

schaftswörter, z. B.: du fromage italien, des cigarettes américaines; *mit Artikel und kleingeschrieben bedeuten sie die
Sprache, z. B.* l'espagnol *das Spanische.*

Munich (*oder* la ville de Munich) *München*	Vienne *Wien*
Berlin *Berlin*	Paris *Paris*
Francfort *Frankfurt*	Genève *Genf*
Rome *Rom*	Londres *London*
	Bruxelles *Brüssel*

*Ländernamen (große Anfangsbuchstaben!) haben den Ar-
tikel und sind meistens weiblichen Geschlechts.*

Ortsnamen haben keinen Artikel.

le pays (*spr. peji) das Land*	la ville *die Stadt*
la nationalité *die Staatsange-* *hörigkeit*	la capitale *die Hauptstadt*
quel pays? *welches Land?*	quelques *einige*
quelle nationalité? *welche* *Staatsangehörigkeit?*	quelquefois *manchmal*
	quelqu'un *jemand*
quels pays? *welche Länder?*	quelque chose *etwas*
quelles capitales? *welche* *Hauptstädte?*	quelque chose de bon *etwas* *Gutes*

Das Fragefürwort quel *richtet sich in Zahl und Geschlecht
wie ein Eigenschaftswort nach dem dazugehörigen Hauptwort.*

Comment est ce cigarre? *W i e ist diese Zigarre?*
Ce cigare est bon.

Comment sont ces cigarettes? *Wie sind diese Zigaretten?*

Il y a beaucoup d'étrangers dans cet hôtel. De quelle
nationalité sont-ils? Nous avons des Américains, des Anglais,
une Française, une Espagnole et une Italienne.

Je suis Allemand. Nous sommes (des) Français. Elles sont
Américaines. **C'est un** Italien. **Ce sont des** Autrichiens. A
cette table, **il y a des** Espagnols.

*Die Hauptwörter der Nationalität werden meist ohne Ar-
tikel angewendet. Nach* c'est, ce sont *und* il y a *wird jedoch
der Artikel beziehungsweise der Teilungsartikel gebraucht.*

De quel pays êtes-vous? Je suis Allemand. De quelle ville
est-il? Il est de Munich (il est Munichois). De quelle nationalité êtes-vous? Je suis de nationalité française (je suis
Français).

11. Übung (Onzième leçon)

Steigerung des Eigenschaftswortes

1. Stufe: Ce morceau est gros   *dieses Stück (Brot, Fleisch) ist groß*

2. Stufe: Ce morceau est **plus** gros   *dieses Stück ist größer*

3. Stufe: Ce morceau est **le plus** gros   *dieses Stück ist am größten (das größte)*

1. Stufe: les cigarettes fortes   *die starken Zigaretten*

2. Stufe: les cigarettes **plus** fortes   *die stärkeren Zigaretten*

3. Stufe: les cigarettes **les plus** fortes   *die stärksten Zigaretten*

Man bildet die 2. Stufe eines Eigenschaftswortes durch Vorsetzen des Wortes **plus** *(mehr) vor die Grundform. Zur Bildung der 3. Stufe wird der bestimmte Artikel* **le, la, les** *vor die 2. Stufe gesetzt.*

Merke besonders die unregelmäßige Steigerung von bon: meilleur(e), *besser,* le (la) meilleur(e), les meilleur(e)s, *der (die) beste, der (die) besten.*

Weitere Eigenschaftswörter:

Farben:
bleu *blau*
blond *blond (beim Bier „hell")*
brun *braun (beim Bier „dunkel")*
(marron = *kastanienbraun, wird im Französischen häufiger gebraucht als „brun")*
gris *grau*
jaune *gelb*
noir *schwarz*
rouge *rot*
vert *grün*
aimable *liebenswürdig*
ancien (w. ancienne) *alt, ehemalig*
chaud *warm*
cher (w. chère) *lieb, teuer*
clair *hell*

confortable *behaglich, bequem*
court *kurz*
cru *roh*
délicieux (w. délicieuse) *köstlich*
différent *verschieden*
dur *hart*
doux (w. douce) *sanft, mild (bei Zigarren „leicht", bei Weinen: süß; sonst „süß": sucré, d. h. gezuckert)*
amer [spr. amär] *bitter*
élégant *vornehm, elegant*
excellent *ausgezeichnet*
exquis *ausgesucht, erlesen*
fin *fein*
fort *stark*
frais (w. fraîche) *frisch*
froid *kalt*

gentil (w. gentille) *nett, artig*
niedlich (Personen und
Sachen)
gras (w. grasse) *fett*
large *breit*
léger [spr. leeschee] (w.
légère) *leicht (Gewicht)*
libre *frei*
lourd *schwer (von Gewicht)*
long (w. longue) *lang*
joli *hübsch*
maigre *mager*

naturel (w. -lle) *natürlich*
ordinaire *gewöhnlich (jedoch*
nicht „gemein"!)
poli *höflich*
prêt *bereit, fertig*
propre *sauber, rein*
rare *selten*
sale *schmutzig*
sec (w. sèche) *trocken (bei*
Weinen „herb")
tiède *lauwarm*
tranquille [spr. -kiel] *ruhig*
vrai *wahr, wirklich*

Dans ce restaurant les garçons ne sont pas aimables; à l'hôtel de Vienne ils sont beaucoup plus polis. — Aimez-vous les œufs crus? — Cette crème fraîche est délicieuse. — Monsieur Duval aime les vins secs, Madame Duval les aime *(liebt sie)* doux. — Aimes-tu les cigarettes anglaises? Non, j'aime les françaises, elles sont plus fortes. — Garçon, ce potage est tiède! — Est-ce du vin ordinaire? Oui, monsieur, c'est de l'ordinaire, mais il est excellent. Donnez-moi du meilleur! Du blanc, monsieur? Oui, s'il est doux. — Nous avons les plus belles chambres. — Les plus gros fruits ne sont pas les meilleurs, cher ami. — Je n'aime pas le café froid. — Cette dame-là est mon ancienne patronne. — Ce thé est-il sucré?

K o n v e r s a t i o n : Comment aimez-vous le café? De quelle couleur **est** *(welche Farbe h a t)* le café? — Cette salle est-elle grande ou petite?

12. Übung (Douzième leçon)

F r a g e s t e l l u n g

1. La bière est-elle fraîche?	*Ist das Bier frisch?*
2. Est-ce que la bière est fraîche?	*(Das Bier ist frisch?)*
3. La bière est fraîche?	
4. Monsieur désire?	*Was wünschen Sie,*
5. Que désirez-vous, monsieur?	*mein Herr?*
6. Qu'est-ce que vous désirez, monsieur?	*(Der Herr wünschen?)*

Wenn der Satzgegenstand eines Fragesatzes ein Eigenname oder ein Hauptwort ohne Fragewort (wo, wer usw.) ist, so ist im Französischen die einfache Umkehrung (Ist das Bier frisch?) unmöglich. Es gibt dann drei Möglichkeiten:

Man beginnt den Satz mit dem Satzgegenstand und wiederholt ihn mit seinem Fürwort (Beispiel 1).

Man beginnt den Satz mit „est-ce que" und fährt mit einem gewöhnlichen Aussagesatz weiter (Beispiel 2).

Man bildet einen gewöhnlichen Aussagesatz und drückt die Frage durch Heben der Stimme aus (wie im Deutschen) (Beispiele 3 und 4).

Ü b u n g : Bilde Fragesätze nach obigem Schema und beantworte sie! Verwende alle Fragewörter, z. B.:

Dans la bouteille il y a du vin rouge.

Qu'y a-t-il dans la bouteille? (Qu'est-ce qu'il y a dans la bouteille?)

Où y a-t-il du vin rouge?

Quel vin y a-t-il dans la bouteille?

Y a-t-il du vin rouge (Est-ce qu'il y a du vin rouge) dans la bouteille?

Où est le vin rouge?

Le vin est-il rouge ou blanc?

| bon marché | *(bleiben stets* | *billig* |
| meilleur marché | *unverändert)* | *billiger* |

la moitié	*die Hälfte*	pour	*für, um zu*
à moitié	*zur Hälfte, halb*	pourquoi?	*warum?*
plein	*voll*	sans	*ohne*
vide	*leer*	sans doute	*gewiß, sicher*
le bock	*ca. ¹/₄ Liter Bier,*	aussi	*auch*
le quart	*meist in tulpenförmigen Gläsern*	donc	*also, doch*
		très	*sehr*
le demi	*ca. ²/₅ Liter Bier*	que	*daß, als (nach Steigerung)*
l'eau minérale	*(w.) Mineralwasser*		
le cidre	*Apfelwein*	pas de quoi	*bitte (nur nach*
le pourboire	*Trinkgeld*	de rien	*„danke")*
souvent	*oft*	la fois	*das Mal*
chez	*bei, zu*	une fois	*einmal*
		encore	*noch*

Garçon! — Monsieur? — La bière est fraîche? — Oui, monsieur! — Un quart, s'il vous plaît! — Brune ou blonde? — Blonde! — Bien, monsieur! Voilà, monsieur! — Et pour ces messieurs? — Pour moi, un bock aussi! — Pour moi, un demi, j'ai soif. — *(Ein Herr bezahlt)* Merci, monsieur! *(Der Herr gibt ein Trinkgeld)* Merci, monsieur. Bonsoir, messieurs!

Dans un demi il y a plus de bière que dans un bock. — La bière est bon marché, elle est meilleur marché que le vin. — Commande une bouteille d'eau minérale! — Aimez-vous le cidre? — Ces messieurs désirent? N'avez-vous pas de chambres plus claires et plus confortables? Si, monsieur, mais elles sont beaucoup plus chères.

La rue Lafayette, s'il vous plaît! — La voici, à droite, monsieur. — Est-ce qu'il y a un hôtel Montholon dans cette rue? — Oui, monsieur! — Est-il bon? — Oui, monsieur, mais il est très cher. — N'y a-t-il pas d'hôtels meilleur marché? — Mais si, monsieur! L'hôtel Cavour n'est pas cher. — Où est-il? — Il est aussi rue Lafayette, numéro 80 (quatre-vingts). — Merci, monsieur! — Pas de quoi, monsieur!

13. Übung (Treizième leçon)

B e u g u n g d e s H a u p t w o r t e s

1. **Le** cendrier est sur la table. *D e r Aschenbecher ist auf dem Tisch.*

2. Je montre **le** cendrier. *Ich zeige d e n Aschenbecher.*

3. La cigarette est sur **le** cendrier. *Die Zigarette ist auf d e m Aschenbecher.*

Der 1. und 4. Fall des Hauptwortes sind gleich.

Verhältniswörter haben immer den 4. Fall (welcher wie der 1. Fall lautet).

du garçon (entstanden aus „de le" garçon)
des Kellners, von dem Kellner

au garçon (*entstanden aus „à le" garçon)
dem Kellner (zu dem Kellner)

de la dame *der Dame, von der Dame (2. Fall)*
à la dame *der Dame (zu der Dame) (3. Fall)*
de l'apprenti *des Lehrlings, von dem Lehrling*
à l'apprenti *dem Lehrling (zu dem Lehrling)*

des (*entstanden aus* „de les") garçons, des dames, des
apprentis, *der Kellner, der Damen, der Lehrlinge*

aux (*entstanden aus* „à les") garçons, aux dames, aux apprentis, *den Kellnern, den Damen, den Lehrlingen.*

*Zur Bildung des 2. Falles (Einzahl und Mehrzahl) wird dem
Hauptwort mit seinem Geschlechtswort „de" vorgesetzt, das
mit „le" zu „du" und mit „les" zu „des" verschmilzt. Bei
apostrophiertem Artikel erfolgt keine Verschmelzung.*

*Zur Bildung des 3. Falles wird dem Hauptwort mit seinem
Geschlechtswort „à" vorgesetzt, welches mit „le" zu „au"
und mit „les" zu „aux" verschmilzt.*

*Dem Hauptwort kann natürlich ein Eigenschaftswort vor-
angehen. Steht statt des Geschlechtswortes ein hinweisendes
Fürwort (oder ein besitzanzeigendes Fürwort), so tritt natürlich keinerlei Verschmelzung ein:*

> de l'hôtel *des Hotels*
> du grand hôtel *des großen Hotels*
> de cet hôtel *dieses Hotels*
> de votre hôtel *Ihres Hotels usw.*

Zusammenstellung

le garçon	la dame	l'assiette	un gérant
du garçon	de la dame	de l'assiette	d'un gérant
au garçon	à la dame	à l'assiette	à un gérant
le garçon	la dame	l'assiette	un gérant

ce monsieur	Paul
de ce monsieur	de Paul
à ce monsieur	à Paul
ce monsieur	Paul

M e h r z a h l :

> les garçons (dames, assiettes)
> **des** garçons (dames, assiettes)
> **aux** garçons (dames, assiettes)
> les garçons (dames, assiettes)

Unterscheide:

j'ai **du pain** *ich habe B r o t (Teilungsartikel)*
le goût **du pain** *der Geschmack des Brotes*
l'hôtel est **au patron** *das Hotel gehört d e m Besitzer*
le patron est **au bureau** *der Besitzer ist i m B ü r o*

Ü b e r s e t z e : *der Geschmack des Weines (des Fleisches, des Öls, dieses Eies, dieser Schokolade, dieses dunklen Bieres, dieses kleinen Stückes). Gib dem Kellner dieses Trinkgeld! Diese Zeitung gehört dieser Dame (diesem Herrn, diesen Herren, diesen Damen). Tritt nicht in das Zimmer eines Fremden! — Beuge weitere Hauptwörter!*

14. Übung (Quatorzième leçon)

D i e z u s a m m e n g e s e t z t e V e r g a n g e n h e i t
d e r T ä t i g k e i t s w ö r t e r (P e r f e k t)

1. J'**ai commandé** un verre de bière. *Ich h a b e ein Glas Bier b e s t e l l t.*
2. Nous **avons fermé** la fenêtre. *Wir h a b e n das Fenster g e s c h l o s s e n.*
3. Elle **est entrée** dans la salle. *Sie i s t in den Saal e i n - g e t r e t e n.*
4. Ce monsieur **a eu** trois bouteilles de vin. *Dieser Herr h a t drei Flaschen Wein g e h a b t.*
5. **Avez**-vous **été** à Paris? *S i n d Sie in Paris g e w e s e n ?*

Im allgemeinen erzählt der Franzose das Geschehene in der zusammengesetzten Vergangenheit (Perfekt), wie es auch im Süddeutschen üblich ist.

Die meisten Tätigkeitswörter werden hierbei mit „avoir" (haben) verbunden (Beispiele 1, 2, 4, 5). Auch das Hilfszeitwort „être" (sein) wird in den zusammengesetzten Zeiten mit „avoir" verbunden.

Lediglich einige Tätigkeitswörter der Ortsveränderung werden mit „être" verbunden. In diesem Falle erhält das Mittelwort der Vergangenheit dieselben Endungen wie ein Eigenschaftswort. Außer „entrer" (eintreten) gehören dieser Kategorie u. a. folgende Tätigkeitswörter auf -er an (Mittelwort = Stamm + é):

arriver *ankommen*	retourner *zurückkehren, um-*
monter *hinaufsteigen*	*drehen*
rentrer *heimkehren*	rester *bleiben*
tomber *fallen*	aller *gehen (unregelmäßig!)*

Où avez-vous déjeuné, monsieur? J'ai été à l'hôtel Montholon. — As-tu commandé le menu? Oui, j'ai commandé un potage, de la viande et des légumes. — Qui est entré dans cette chambre? — Nous avons habité cet hôtel. — Le garçon a donné le journal au client. — Le client a donné un pourboire aux garçons. — Ont-ils donné un pourboire à la femme de chambre? — Qui a eu cette assiette? — Avez-vous parlé au patron? — Trois Français sont arrivés. Ils sont montés dans les chambres. — Nos clients italiens sont retournés à Rome. — A quelle heure est-elle rentrée? — Je suis restée à Munich, je ne suis pas allée à Paris.

Weitere Tätigkeitswörter, die mit „avoir" verbunden werden:

acheter *kaufen*	laisser *(zurück)lassen, zu-*
aider *helfen*	*lassen*
brosser *bürsten*	passer *verbringen, reichen*
brûler *(ver)brennen*	préparer *zubereiten*
casser *zerbrechen*	prier *bitten, beten*
cirer *wichsen, bohnern*	quitter *verlassen*
compter *zählen, berechnen*	réclamer *reklamieren*
coûter *kosten (Geld)*	recommander *empfehlen*
envelopper *einwickeln*	remercier *danken*
excuser *entschuldigen*	travailler *arbeiten*
fumer *rauchen, räuchern*	trouver *finden*
goûter *versuchen, kosten*	chercher *suchen*

Übersetze: *Hast du die Zeitungen gekauft? — Ich habe dem Patron geholfen (übersetze: „den" Patron). — Diese Suppe ist verbrannt („hat" gebrannt). — Ein Lehrling hat drei (trois) Teller zerbrochen. — Ich zähle auf Sie, mein Herr. — Versuchen Sie diesen Wein! — Ich habe diese Schokolade versucht. — Diese Herren haben ein gutes Trinkgeld (zurück)gelassen. — Ich habe den Herrn gebeten, das Restaurant zu verlassen. — Wer hat dieses Dessert reklamiert? — Wie haben Sie das Abendessen gefunden? — Haben Sie in Frankreich gearbeitet?*

15. Übung (Quinzième leçon)

Das Zahlwort

1. Grundzahlen

1 un (une)	11 onze	21 vingt et un
2 deux	12 douze	22 vingt-deux
3 trois	13 treize	23 vingt-trois
4 quatre	14 quatorze	24 vingt-quatre
5 cinq	15 quinze	25 vingt-cinq
6 six	16 seize	26 vingt-six
7 sept	17 dix-sept	27 vingt-sept
8 huit	18 dix-huit	28 vingt-huit
9 neuf	19 dix-neuf	29 vingt-neuf
10 dix	20 vingt	30 trente

31 trente et un	80 **quatre-vingts**
32 trente-deux *usw.*	81 **quatre-vingt-un**
40 quarante	82 quatre-vingt-deux *usw.*
50 cinquante	90 **quatre-vingt-dix**
60 soixante	91 quatre-vingt-onze
70 **soixante-dix**	92 quatre-vingt-douze *usw.*
71 soixante et onze	99 quatre-vingt-dix-neuf
72 soixante-douze *usw.*	

100	cent
101	cent un *(das „t" nicht binden!)*
175	cent soixante-quinze
192	cent quatre-vingt-douze
200	deux cents
1 000	mille
1 001	mille un
1 700	mille sept cents (dix-sept cents)
2 000	deux mille
7 775	sept mille sept cent soixante-quinze
80 000	quatre-vingt mille
100 000	cent mille
1 000 000	**un** million
2 000 000	deux millions
1 000 000 000	**un** milliard

Combien de verres? *Wieviel Gläser?*
Plus de deux cents verres. *Mehr als 200 Gläser.*
Moins de quatre-vingts verres. *Weniger als 80 Gläser.*

J'ai eu la réponse en **moins de** cinq minutes. *Ich habe die Antwort in weniger als 5 Minuten gehabt.*

Bei Maß- und Zeitangaben wird „als" vor einem Zahlwort durch **de** *übersetzt.*

En 1950 (dix-neuf cent cinquante). *Im Jahre 1950.*

la seconde *die Sekunde*	
la minute *die Minute*	
l'heure *(w.) die Stunde, Uhrzeit*	
le jour *der Tag*	
le matin *der Morgen*	*bloßer*
le soir *der Abend*	*Zeitbegriff*
l'an *(m.) das Jahr*	

la journée *der Tag*	*bedeutet mehr*
la matinée *der Morgen*	*den Inhalt,*
la soirée *der Abend*	*die Arbeit,*
l'année *(w.) das Jahr*	*den Zeitraum*

le nom *der Name*
la semaine *die Woche*
le mois *der Monat*

l'addition *(w.) die Rechnung (Restaurant)*
la note *die Rechnung (Hotel)*
le compte *die Rechnung, Abrechnung*
l'âge *(m.) das Alter*
l'argent *(m.) das Geld, das Silber*
le franc *der Franc*
le mark *die Mark*
vaut *gilt, ist wert*
pendant *während*
la monnaie *das Kleingeld, die Währung*

Quel âge as-tu? J'ai quatorze **ans.** *(Ich bin 14 Jahre alt.)*
— Une **année** est longue. — Cette année a été très mauvaise. — Où avez-vous passé la soirée? — J'ai travaillé pendant la matinée. — Où travaille-t-il dans la journée?
— Une semaine a sept jours.

2. Ordnungszahlen

le premier, la première *der erste, die erste*
le second, la seconde *(sprich „c" wie „g")* }
le deuxième, la deuxième } *der (die) zweite*
le (la) troisième *der (die) dritte*
le (la) quatrième *der (die) vierte*
le cinquième *etc.,* le huitième, le onzième *(nicht apostrophieren!)*
le neuvième, le dix-septième, le vingt et unième.

Bilde die Ordnungszahlen durch Anhängen von -ième an die Grundzahl!

Les jours de la semaine sont: lundi *(Montag)*, mardi, mercredi, jeudi, vendredi, samedi, dimanche *(Sonntag)*.

Quels sont les noms des mois? Les voici: janvier, février, mars, avril, mai, juin, juillet, août *(sprich u)*, septembre, octobre, novembre, décembre.

aujourd'hui *heute*
demain *morgen*
après-demain *übermorgen*
hier *(iär) gestern*
avant-hier *vorgestern*
à demain *bis morgen!*
l'après-midi *der Nachmittag*
ce matin *heute früh*
cet(te) après-midi *heute nachmittag*
ce soir *heute abend*
cette nuit *heute nacht*
autre *anderer*
précis *genau*
zéro *null*
midi *12 Uhr mittags*

minuit *12 Uhr nachts*
le quart *das Viertel*
le quart d'heure *die Viertelstunde*
une demi-heure *eine halbe Stunde*
une heure et demie *halb zwei Uhr (eineinhalb Stunden)*
le temps *die Zeit, das Wetter*
il y a *vor (bei Zeitangaben)*
la date *das Datum*
jusqu'à *bis*
avancer *vorgehen*
retarder *nachgehen*
environ *ungefähr*

Quelle date est-ce aujourd'hui?
Nous sommes le combien? } *Was für ein Datum haben wir heute? (den wievielten . . . ?)*

C'est le douze, monsieur. | *Es ist der Z w ö l f t e. (Wir*
Nous sommes le douze. | *haben den Zwölften.)*

D a s   D a t u m hat nie die Ordnungszahl (außer bei „le premier"), sondern immer die G r u n d z a h l !

Quel jour est-ce aujourd'hui? C'est aujourd'hui lundi. Quel jour est-ce demain, après-demain? Demain, c'est mardi et après-demain, mercredi. Quels sont les autres jours de la semaine? Les autres jours sont jeudi, vendredi, samedi et dimanche. Combien de jours a le mois de février (le mois de février a-t-il)? Il a vingt-huit ou vingt-neuf jours. Et le mois de juillet? Le mois de juillet a trente et un jours.

Quelle heure est-il? Il est trois heures précises. — Il est midi (minuit, sept heures et demie, quatre heures et quart, huit heures moins le quart, neuf heures vingt, six heures moins dix, dix heures quarante-sept). — A quelle heure arrive Monsieur Dupont? A midi et quart. — A quelle heure est le dîner? Entre sept et huit heures.

Übersetze: Das Jahr hat 12 Monate. — Ein Monat hat 30 oder 31 Tage. — Sieben Tage sind (= machen: font) eine Woche. — 52 Wochen sind ein Jahr. — Der Tag hat 24 Stunden. — 60 Sekunden sind eine Minute und 60 Minuten sind eine Stunde. — Eine Viertelstunde hat 15 Minuten. — Eine Mark gilt ungefähr 3 Francs 35. — Um welche Zeit ist sie angekommen? Schlag 5 Uhr (um 5 Uhr genau).

Lies und übersetze Zahlen!

II. Teil (Deuxième partie)

Die einfache Vergangenheit (Imperfekt)

Alle Tätigkeitswörter (auch die unregelmäßigen) und Hilfs-
zeitwörter hängen in der einfachen Vergangenheit (Imper-
fekt) dieselben Endungen an den Stamm:

j'étais *ich war*	j'avais *ich hatte*
tu étais *du warst*	tu avais *du hattest*
il était *er war*	il avait *er hatte*
nous étions *wir waren*	nous avions *wir hatten*
vous étiez *ihr wart (Sie waren)*	vous aviez *ihr hattet (Sie hatten)*
ils étaient *sie waren*	ils avaient *sie hatten*

je portais *ich trug*
tu portais *du trugst*
il portait *er trug*
nous portions *wir trugen*
vous portiez *ihr truget (Sie trugen)*
ils portaient *sie trugen*

Übe die bereits bekannten Tätigkeitswörter auf -er im
Imperfekt, auch fragend und verneint!

changer *wechseln, umsteigen*	commencer *beginnen*
déranger *stören (unange-* *nehm sein)*	placer *hinstellen, hinlegen*
	prononcer *aussprechen*
manger *essen*	voyager *reisen*
engager *einstellen, enga-* *gieren*	

Trifft auf den Stamm obiger Zeitwörter eine Endung, die
mit „a" oder „o" beginnt, so wird hinter dem „g" ein „e"
eingeschoben bzw. an das „c" ein Häkchen angehängt:

je changeais — nous changeons;
il commençait — nous prononçons.

appeler *rufen, nennen*	envoyer *schicken*
jeter *werfen*	essayer *versuchen (etwas zu tun)*
acheter *kaufen*	essuyer *abtrocknen*
exagérer *übertreiben*	essuyer *abtrocknen*
préférer *vorziehen*	nettoyer *reinigen*
régler *begleichen, zahlen*	renvoyer *wegschicken, entlassen*
répéter *wiederholen*	

Trifft auf den Stamm obiger Tätigkeitswörter eine Endung, die mit einem stummem „e" beginnt, so sind folgende Besonderheiten zu beachten:

bei **appeler** *und* **jeter** *verdoppelt sich „l" bzw. „t":*

j'appelle, ils appellent — tu jettes, elles jettent;

bei **acheter** *bekommt das erste „e" einen Akzent (è):*

j'achète etc.

bei **préférer, exagérer, répéter** *und* **régler** *wird aus dem Akzent (´) ein (`):*

je préfère, ils préfèrent — tu règles, ils règlent etc.;

bei envoyer *und den übrigen Tätigkeitswörtern auf* -oyer *und* -uyer *verwandelt sich das „y" in „i":*

j'envoie, ils envoient — j'essuie.

Diese Schreibweise findet sich gelegentlich auch bei payer *(zahlen).*

Übersetze: Ich ziehe die amerikanischen Zigaretten vor. — Rufe den Kellner! — Ich habe das Zimmermädchen gerufen. — Wir steigen in München um. — Du störtest den Besitzer. — Wo wart ihr? Wir waren im Büro. — Wir hatten Hunger. — Was aßet ihr? Wir aßen Semmeln. — Er begann zu (à) essen. — Er sprach die Namen der Fremden aus. — Er beglich die Rechnung (note). — Wir versuchten, den Hotelpagen zu (de) rufen, aber er war nicht da (là). — Sie reinigte die Zimmer. — Er warf die Zigarette (weg). — Die Fremden begleichen die Rechnungen in (en) französischen Francs.

17. Übung (Dix-septième leçon)

Die Zukunft

Die (einfache, erste) Zukunft besteht nicht wie im Deutschen aus Hilfszeitwort („werden") + Grundform des Tätigkeitsworts, sondern aus einer einzigen Form, die durch An-

hängen bestimmter Endungen an die Grundform (also nicht an den Stamm) entsteht. Diese Endungen sind für alle Tätigkeitswörter und Hilfszeitwörter dieselben. (Bei unregelmäßigen Tätigkeitswörtern verkürzt sich die Grundform zuweilen.)

M e r k e :

je parlerai *ich werde sprechen*	j'**ir**ai *ich werde gehen*
tu parleras *du wirst sprechen*	tu **ir**as *du wirst gehen usw.*
il parlera *er wird sprechen*	j'**enverr**ai *ich werde schicken*
nous parlerons *wir werden sprechen*	tu **enverr**as *du wirst schicken usw.*
vous parlerez *ihr werdet spr.*	B e a c h t e :
(Sie werden sprechen)	j'**ach**èterai *usw.*
ils parleront *sie werden spr.*	j'**appelle**rai, je **nettoie**rai

Für „avoir" tritt bei der Zukunft „aur-" ein, und für „être" tritt „ser-" ein:

j'aurai *ich werde haben*	je serai *ich werde sein*
tu auras *du wirst haben*	tu seras *du wirst sein*
il aura *er wird haben*	il sera *er wird sein*
nous aurons *wir werden haben*	nous serons *wir werden sein*
vous aurez *ihr werdet haben*	vous serez *ihr werdet sein*
(Sie werden haben)	*(Sie werden sein)*
ils auront *sie werden haben*	ils seront *sie werden sein*

Um die a l l e r n ä c h s t e Zukunft auszudrücken (deutsch: „ich bin im Begriff zu . . ., ich werde gleich . . .") , verbindet man die Gegenwart des Tätigkeitswortes „aller" (gehen) mit der Grundform des betreffenden Tätigkeitswortes. Die Gegenwart von „aller" ist besonders unregelmäßig:

je **vais** *ich gehe*	nous **allons** *wir gehen*
tu **vas** *du gehst*	vous **allez** *ihr geht (Sie gehen)*
il **va** *er geht*	ils **vont** *sie gehen*

Je **vais** commander le dîner. *Ich w e r d e g l e i c h das Abendessen bestellen (ich bin im Begriff, das Abendessen zu bestellen).*

J'**allais** commander le déjeuner. *Ich w a r gerade im Begriff, das Mittagessen zu bestellen (ich w o l l t e gerade das Mittagessen bestellen).*

Redensarten:

comment allez-vous? *wie geht es Ihnen?*
comment ça va? *(familiär) wie geht's?*
Je vais bien. *Es geht mir gut*
Monsieur Dupont va bien. *Herrn D. geht es gut*
Madame va bien? *Ist die gnädige Frau wohlauf?*
Je vais bien. *Es geht mir gut*
Ça va! Ça va bien! *Das genügt*
Va! *Meinetwegen!*
Va pour un demi! *Na, geben Sie mir ein Glas Bier!*
aller chercher *holen,* envoyer chercher *holen lassen*
allons! *vorwärts!* allons donc! *ei! warum nicht gar!*

Bilde Sätze in der einfachen und allernächsten Zukunft, auch verneint und fragend, z. B.: Serai-je cuisinier? Ne serai-je pas à Munich l'année prochaine? — N'aurai-je pas faim? — Irai-je à Paris? — Je vais appeler le gérant. — Je ne vais pas manger ce potage. — Vais-je parler au patron? — Je vais très bien. — Je ne vais pas bien.

18. Übung (Dix-huitième leçon)
Die Bedingungsform

1. Si **j'avais** de l'argent, **j'achèterais** un hôtel. *Wenn ich Geld hätte, w ü r d e ich ein Hotel k a u f e n.*

2. Nous passer**ions** une semaine à Paris, si nous av**ions** le temps. *Wir w ü r d e n eine Woche in Paris v e r b r i n - g e n , wenn wir Zeit h ä t t e n.*

3. Si vous **cherchiez,** vous **trouveriez.** *Wenn Sie suchen würden, würden Sie finden.*

4. **J'enverrais** le chasseur à la gare, s'il **était** libre. *Ich w ü r d e den Hotelpagen zum Bahnhof s c h i c k e n , wenn er frei w ä r e.*

Die „Bedingungsform" steht im Hauptsatz, wenn ihm ein „Wenn"-Satz vorausgeht (Beispiele 1 und 3) oder nachfolgt (Beispiele 2 und 4). Man beachte besonders, daß im „Wenn"-Satz das Imperfekt steht!

Man bildet die Bedingungsform, indem man der N e n n - f o r m des Tätigkeitswortes die Endungen des Imperfekts anfügt:

44

J'aur**ais** *ich würde haben*
tu aur**ais** *du würdest haben*
il aur**ait** *er würde haben*
nous aur**ions** *wir würden haben*
vous aur**iez** *ihr würdet haben*
(Sie würden haben)
ils aur**aient** *sie würden haben*
je rester**ais** *ich würde bleiben*
tu rester**ais** *du würdest bleiben*
il rester**ait** *er würde bleiben*
nous rester**ions** *wir würden bleiben*
vous rester**iez** *ihr würdet bl.*
(Sie würden bleiben)
ils rester**aient** *sie würden bl.*

D e r   B a h n h o f (la gare)
la Gare de l'Est *Ostbahnhof*
la Gare du Nord *Nordbahnhof*
les bagages *(m.) Gepäck*
faire enregistrer *aufgeben (Gepäck)*
la malle *Reisekoffer*
la valise *Handkoffer*
le chemin de fer *Eisenbahn*
le train *Zug*
le train omnibus ⎱ *Personen-*
l'omnibus *(m.)* ⎰ *zug*
l'express *(m.) Schnellzug*
l'indicateur *(m.) Eisenbahn-kursbuch*
le porteur *Gepäckträger*
le voyage *Reise*
le voyageur *Reisender*
la douane *Zoll*
le douanier *Zollbeamte*
déclarer *verzollen*
le quai *Bahnsteig*

je ser**ais** *ich würde sein*
tu ser**ais** *du würdest sein*
il ser**ait** *er würde sein*
nous ser**ions** *wir würden sein*
vous ser**iez** *ihr würdet sein*
(Sie würden sein)
ils ser**aient** *sie würden sein*
M e r k e :
j'**ir**ais *ich würde gehen*
tu **ir**ais *du würdest gehen*
usw.
j'env**err**ais *ich würde schik-ken usw.*
B e a c h t e :
j'ach**è**terais *usw.*
j'appe**ll**erais *usw.*
je nettoi**e**rais *usw.*

D i e   P o s t (la poste)
le bureau de poste *Postamt*
le courrier *einlaufende, abgehende Post*
le facteur *Briefträger*
la boîte aux lettres *Briefkasten*
la lettre *Brief*
lettre recommandée *Einschreibebrief*
la carte postale *Postkarte*
le télégramme *Telegramm*
le papier à lettre *Briefpapier*
l'enveloppe *(w.) Briefumschlag*
le timbre(-poste) *Briefmarke*
la nouvelle *die Nachricht*
le guichet *Schalter*
le portefeuille *Brieftasche*
le mandat(-poste) *Postanweisung*
poste restante *postlagernd*
le colis postal *Postpaket*

Die Verkehrsmittel (les moyens de communication)

l'auto *(w.) Auto,*	le métro *(Pariser) Unter-*
Kraftwagen	*grundbahn*
l'autobus *(m.) Stadtomnibus*	le quartier *Stadtviertel*
le car *Überlandomnibus*	l'arrondissement *(Pariser)*
la voiture *Wagen*	*Stadtbezirk (Paris hat 20)*
l'arrivée *(w.) Ankunft*	l'avion *(m.) Flugzeug*
le départ *Abreise, Abfahrt*	l'aéroport *(m.) Flugplatz*
le taxi *Taxe*	

Nous parlerions anglais, si nous étions (des) Anglais. — Si ce potage n'était pas brûlé, je le mangerais. — Achèteriez-vous cet hôtel, si vous aviez assez d'argent? Non, monsieur, j'achèterais plutôt (eher) un grand café. — J'irais au bureau de poste, si je n'étais pas de service. — J'irais en taxi, si ce n'était pas si cher. — Pourquoi n'iriez-vous pas en métro? Je n'aime pas le métro. — J'aimerais bien rester encore huit jours à Vienne, mais je n'ai pas le temps.

19. Übung (Dix-neuvième leçon)
Das Umstandswort

a) Le vin est **bon.** *Der Wein ist g u t.*
Le garçon est **poli.** *Der Kellner ist h ö f l i c h.*

b) Vous parlez **bien.** *Sie sprechen g u t.*
Le garçon salue **poliment.** *Der Kellner grüßt h ö f l i c h.*
Il a **très** bien prononcé. *Er hat s e h r gut ausgesprochen.*
La salle est **extrêmement** belle. *Der Saal ist äußerst schön.*

Während das Eigenschaftswort (Beispiele a) ein Hauptwort näher bestimmt, ist das Umstandswort (Beispiele b) die nähere Bestimmung eines Tätigkeitswortes, eines Eigen-schaftswortes oder selbst eines Umstandswortes.

Das Umstandswort steht n a c h den einfachen Formen der Tätigkeitswörter. Bei zusammengesetzten Zeiten steht es z w i s c h e n dem Hilfszeitwort und dem Mittelwort der Ver-gangenheit.

Abgeleitete Umstandswörter (vergleiche im Deutschen bit-ter — bitterlich; glücklich — glücklicherweise) werden durch Anhängen von „ment" an die weibliche Form der Eigen-schaftswörter gebildet: heureux, heureuse — heureusement. Bei Eigenschaftswörtern, die auf einen Selbstlaut endigen,

wird „ment" *an die männliche Form anhängt:* vrai *wahr,*
echt — vraiment *wahrhaftig, wirklich.*

B e a c h t e : mauvais *schlecht (Eigenschaftswort)*
mal *schlecht (Umstandswort)*
meilleur *besser (Eigenschaftswort)*
mieux *besser (Umstandswort)*
pire *schlechter, schlimmer (Eigenschaftswort)*
pis *schlechter, schlimmer (Umstandswort)*

R e d e n s a r t e n : tant mieux *um so besser!*
tant pis *um so schlimmer!*
un fromage bien fait *ein reifer Käse (gut durch)*
un bifteck bien cuit *ein gut durchgebratenes Beefsteak*
il va bien mieux *es geht ihm sehr viel besser*
bien **des** clients *sehr viele Kunden*
je suis bien ici *ich fühle mich hier wohl*
je suis enrhumé *ich bin erkältet*
je ne suis pas bien *ich fühle mich nicht wohl*
je suis fatigué *ich bin müde*
j'ai mal à la tête *ich habe Kopfweh;* mal à la gorge *Halsweh*
j'ai mal aux dents *ich habe Zahnweh*
j'ai **la** fièvre *ich habe Fieber*
j'ai mal à l'estomac *ich habe Magenweh*
j'ai mal au cœur *es ist mir schlecht*
je suis de bonne (mauvaise) humeur *ich bin guter*
  (schlechter) Laune
le mal du pays *das Heimweh*

A u f g a b e : *Bilde die Umstandswörter aus den bereits
bekannten Eigenschaftswörtern* aimable, confortable, doux,
frais, libre, long, naturel, rare, tranquille *sowie aus den folgenden Eigenschaftswörtern und verwende sie in Sätzen!*

absolu *absolut, ganz sicher*
certain *gewiß*
distinct *deutlich*
difficile *schwer, schwierig*
drôle *sonderbar, drollig*
exact *genau*
facile *leicht (zu tun)*
général *allgemein*

infini *unendlich*
lent *langsam*
parfait *vollkommen*
pareil *(w. pareille) solch,
  ähnlich*
probable *wahrscheinlich*
rapide *schnell*
sûr *sicher*

Garçon! Ce bifteck n'est pas assez bien cuit. — Si je vais à Paris, j'aurai le mal du pays, mais tant pis! — Le patron a beaucoup voyagé, il parle très bien français, anglais et italien. — Parlez lentement et distinctement! — Tu parles trop vite *(schnell)* et trop bas *(leise)*. Vraiment? Mais oui, je n'exagère pas. Tu ne parles pas souvent français, n'est-ce pas? Malheureusement non *(leider nicht)*; c'est très rare. Nous parlerons souvent français. Veux-tu? *(Willst du?)* Mais naturellement! Tu es vraiment très bon pour moi *(zu mir)*.

Ü b e r s e t z e : *Er kommt im allgemeinen um 6 Uhr an. — Heute abend wird er wahrscheinlich spät dran sein. — Dieser Fremde spricht sonderbar. — Es ist gewiß ein Amerikaner. — Das Wetter hat schnell gewechselt. — Es ist genau halb sieben Uhr. — Diese Flasche Wein kostet sicher 15 Franc. — Glücklicherweise habe ich genug Geld bei mir* (sur moi). — *Diese Käse sind frisch von Italien angekommen. Sind sie reif? — Vollkommen, mein Herr!*

20. Übung (Vingtième leçon)
W e i t e r e   V e r n e i n u n g e n

1. Je **ne** travaille **plus** à l'hôtel Montholon. *Ich arbeite n i c h t   m e h r im Hotel M.*
   Nous **ne** commandons **rien**. *Wir bestellen n i c h t s.*
   Ne commandez **plus rien**! *Bestellen Sie n i c h t s   m e h r !*
   Le chasseur **ne** trouvera **personne**. *Der Hotelpage wird n i e m a n d finden (antreffen).*
   Ce garçon **n'**arrive **jamais** en retard. *Dieser Kellner kommt nie zu spät.*
   Madame Dubois **n'**est **pas encore** arrivée. *Fr. D. ist n o c h n i c h t angekommen.*
   Je **ne** trouve la patronne **nulle part**. *Ich finde die Besitzerin n i r g e n d s.*
   Ce vin **ne** coûte **que** 8 francs. *Dieser Wein kostet n u r 8 Franc.*
   Mademoiselle Durand **n'**a **que dix-sept** ans. *Fräulein D. ist e r s t 17 Jahre alt.*
   Il **n'**est **ni** garçon, **ni** cuisinier. *Er ist w e d e r Kellner n o c h Koch.*

2. Je préfère **ne pas** entrer. *Ich ziehe vor, n i c h t einzutreten.*

48

3. Avez-vous de l'argent? **Pas** beaucoup. *Haben Sie Geld?*
N i c h t viel.
4. **Personne** n'habite dans cette chambre. *N i e m a n d wohnt*
in diesem Zimmer.

Außer der bereits bekannten Verneinung „ne ... pas" ver-
fügt das Französische noch über eine Reihe weiterer Ver-
neinungen oder Einschränkungen, deren erster Teil immer
„ne" ist. Dieser wird immer durch das Tätigkeitswort (oder
Hilfszeitwort bei zusammengesetzten Zeiten) vom zweiten
Teil getrennt (Beispiele 1).

Steht das Tätigkeitswort in der Grundform (Infinitiv), so
stehen beide Teile der Verneinung vor dieser (Beispiel 2).

Entfällt das Tätigkeitswort, so entfällt auch „ne" (Beispiel 3).

Sind personne *oder* rien *Satzgegenstand, so stehen sie vor*
dem Tätigkeitswort und vor „ne" (Beispiel 4).

Z u s a m m e n s t e l l u n g :

ne ... plus (de) *nicht mehr, kein ... mehr*
ne ... rien *nichts*
ne ... personne *niemand*
ne ... jamais *niemals*
ne ... pas encore *noch nicht*
ne ... nulle part *nirgends*
ne ... que *nur, erst*
ne ... ni ... ni *weder ... noch*

D a s H o t e l z i m m e r (la chambre d'hôtel)

le lit *Bett*	le coin *Eck, Winkel*
la literie *Bettzeug*	le chapeau *Hut*
la couverture *Bettdecke*	le manteau *Mantel*
le couvre-pied *Steppdecke*	la salle de bains *Badezimmer*
le drap *Bettuch*	la baignoire *Badewanne*
l'oreiller *(m.) Kopfkissen*	la cuvette *Waschschüssel*
l'armoire (à glace) *(w.) (Spie-*	le savon *Seife*
gel-) Schrank	la serviette *Handtuch, auch*
le tapis *Teppich*	*Tischserviette*
le fauteuil *Sessel*	les chaussures *(w.) Schuhe*

Ü b e r s e t z e : *Ein gutes Hotel. — Der Besitzer ist freund-*
lich. Die Kellner sind höflich. Die Küche ist ausgezeichnet.
Die Weine sind ausgesucht. Die Zimmer sind groß und hell.

Die Betten sind gut und sauber. Die Bettücher sind nie schmutzig. Das Zimmermädchen ist sehr nett. Das Stadtviertel ist ruhig. Ich habe nirgends ein besseres Hotel gefunden. Niemand wird ein besseres finden.

K o n v e r s a t i o n : *Verwende obiges Stück, um die Verneinungen zu üben, z. B.:* Un mauvais hôtel: Le patron n'est pas aimable, le potage n'est jamais chaud *usw.*

21. Übung (Vingt et unième leçon)
D i e L e i d e f o r m

La lettre **est portée** à la poste par le chasseur. *Der Brief w i r d vom Hotelpagen auf die Post getragen.*

Les paquets **ont été portés** à la poste par le chasseur. *Die Pakete s i n d vom Hotelpagen auf die Post g e t r a g e n w o r d e n.*

An Stelle des deutschen Hilfszeitwortes „werden" verwendet man im Französischen „être" (sein) zur Bildung der Leideform. Das jeweilige Mittelwort der Vergangenheit (z. B. „getragen") richtet sich in Zahl und Geschlecht nach dem Satzgegenstand.

Z u s a m m e n s t e l l u n g
je **suis** porté(e) *ich w e r d e getragen*
tu **es** porté(e) *du w i r s t getragen*
il **est** porté *er w i r d getragen*
elle **est** portée *sie w i r d getragen*
nous **sommes** porté(e)s *wir w e r d e n getragen*
vous **êtes** porté(e)s *ihr w e r d e t getragen*
ils **sont** portés *sie w e r d e n getragen*
elles **sont** portées *sie w e r d e n getragen*
j'**étais** porté(e) *ich w u r d e getragen usw.*
j'**ai été** porté(e) *ich b i n getragen w o r d e n usw.*
je **serai** porté(e) *ich w e r d e getragen w e r d e n usw.*
je **serais** porté(e) *ich w ü r d e getragen werden usw.*

B e a c h t e : *„von" bei der Leideform wird durch „par" übersetzt.*

Ü b e r s e t z e : *Der Brief des Besitzers ist noch nicht auf die Post getragen worden. Von wem ist dieser Aufschnitt bestellt worden? Die Teller werden abgetrocknet werden.*

Der Hotelpage wird vom Besitzer entlassen. Das Zimmermädchen ist gerufen worden. Die Rechnung wird vom Fremden beglichen werden. Dieser Küchenjunge ist dem Besitzer von einem Gast empfohlen worden.

Übe das Abfragen von Sätzen:

a) A dix heures les bagages ont été portés à la gare par le chasseur.
   Par qui les bagages ont été portés à la gare?
   A quelle heure les bagages ont-ils été portés à la gare?
   Qu'est-ce qui a été porté à la gare par le chasseur?
   Où les bagages ont-ils été portés par le chasseur?

b) A dix heures le chasseur a porté les bagages à la gare.
   Qui a porté les bagages à la gare?
   A quelle heure le chasseur a-t-il porté les bagages à la gare?
   Qu'est-ce que le chasseur a porté à la gare à dix heures?
   Où le chasseur a-t-il porté les bagages à dix heures?

B e a c h t e : *Die Leideform ist im Französischen nicht sehr beliebt und wird oft durch ein „rückbezügliches" Tätigkeitswort (Seite 76) ersetzt:* Les huîtres **se servent** avant les hors-d'œuvre. *Die Austern* w e r d e n *vor den Vorspeisen* s e r v i e r t (wörtlich: „servieren sich").* Les escargots **se mangent** avec une fourchette spéciale. *Die Schnecken* w e r d e n *mit einer besonderen Gabel* g e g e s s e n.

22. Übung (Vingt-deuxième leçon)

D a s   b e s i t z a n z e i g e n d e   F ü r w o r t

1. **Mon** hôtel est confortable *m e i n Hotel ist gut eingerichtet*
   ma cuisine est excellente *m e i n e Küche ist ausgezeichnet*
   mes vins sont bons *m e i n e Weine sind gut*

2. **Ton** hôtel est bon *d e i n Hotel ist gut*
   ta cuisine est exquise *d e i n e Küche ist ausgesucht fein*
   tes vins sont excellents *d e i n e Weine sind ausgezeichnet.*

3. **Son** hôtel est renommé *sein (ihr) Hotel ist berühmt*
   sa cave est connue *s e i n (i h r) Keller ist bekannt*
   ses chambres sont claires *s e i n e (i h r e) Zimmer sind hell.*

4. **Notre** patron est aimable *u n s e r Besitzer ist freundlich*
   notre patronne est Espagnole *u n s e r e Besitzerin ist Spanierin*
   nos garçons sont polis *u n s e r e Kellner sind höflich.*

5. **Votre** chef est un artiste *E u e r (I h r) Küchenchef ist ein Künstler*

    Votre cuisinière est de Bordeaux *E u r e (I h r e) Köchin ist aus Bordeaux*

    Vos hors-d'œuvre sont délicieux *E u r e (I h r e) Vorspeisen sind köstlich.*

6. **Leur** chocolat est excellent *i h r e Schokolade ist ausgezeichnet*

    Leur viande est tendre *i h r Fleisch ist zart*

    Leurs croissants sont appétissants *i h r e Hörnchen sind appetitlich.*

Das besitzanzeigende Fürwort richtet sich in Zahl und Geschlecht nur nach dem Besitztum. In der 3. Person Einzahl gibt es nur eine Form für sein(e) und ihr(e): son, sa, ses (Beispiele 3).

B e a c h t e : Ma, ta, sa *werden vor Selbstlaut und stummem „h" zu* mon, ton, son: **mon** assiette, **ton** autre chambre, **son** ancienne patronne.

B e u g u n g :

   mon patron, **de** mon patron, **à** mon patron, mon patron
   mes patrons, **de** mes patrons, **à** mes patrons, mes patrons.

J'ai mon chapeau. N'as-tu pas trouvé ton couteau? Où est le patron? Il est dans sa chambre. Je recommanderai votre bon hôtel. Vos garçons sont très aimables, votre cuisine est excellente. Vos chambres sont très propres et vos prix modérés *(mäßig).*

Il y a aussi d'autres hôtels. Leur patron n'est jamais dans la maison, leurs garçons ne sont pas aimables, leur cuisine est très mauvaise et leurs prix sont exagérés.

Ü b e r s e t z e : *Das Zimmer meines Arbeitgebers ist im ersten Stock. — Ist Ihr Kaffee gut warm? — Ober, Ihr Tee ist lauwarm! — Und meine Nachspeise, werde ich sie bald bekommen (= haben)? — Ist eure Köchin nicht Wienerin? — Bringen Sie diesen Brief Ihrem Arbeitgeber! — Haben Sie die Fenster in unserem Zimmer geschlossen? — Er ist in sein Zimmer hinaufgegangen. — Wer sind diese Damen? Frau Dubois und ihre Tochter. — Herr und Frau Durand und ihr Sohn sind angekommen.*

le fils (*spr.* fis) *der Sohn*	l'enfant *das Kind*
la fille (*spr.* fij) *die Tochter*	l'oncle *der Onkel*
le frère *der Bruder*	la tante *die Tante*
la sœur *die Schwester*	les parents *die Eltern*
le père *der Vater*	le cousin *der Vetter*
la mère *die Mutter*	la cousine *die Kusine*
la famille *die Familie*	le neveu *der Neffe*
la femme (*spr.* fam) *die Frau*	la nièce *die Nichte*
le mari *der Ehemann*	regretter *bedauern*

N'avez-vous plus de croissants, garçon? Non, madame, je regrette. Mais nous avons de très bons petits pains, madame. Non, merci, je ne mange jamais de petits pains. — Rien n'est meilleur qu'une bonne bouteille de vin, ne trouvez-vous pas? Je suis de votre avis. Malheureusement, les vins n'ont jamais été aussi *(so)* chers qu'aujourd'hui. — Monsieur Laval est-il déjà arrivé? Je suis monté dans sa chambre, mais il n'y avait personne, et je ne le trouve nulle part. — Si vous n'avez que quinze ans, je ne peux *(kann)* pas vous engager. — Nous n'avons pas encore commencé à déjeuner, ils n'ont ni thé ni chocolat ici et je n'aime pas le café. — J'ai prié le garçon de ne pas apporter le dessert, nous avons le temps, il n'est qu'une heure.

23. Übung (Vingt-troisième leçon)

Die Speisenkarte. 1. Vorspeisen (hors-d'œuvre)

Die „hors-d'œuvre", deren es in feinen französischen Restaurants bis zu hundert verschiedene gibt, sind eine französische Spezialität; die Übersetzung „Vorspeise" ist nur annähernd richtig. Zu den „hors-d'œuvre" können die Austern und Schnecken sowie kalte Eierspeisen gezählt werden. Letztere siehe S. 59. Es ist im allgemeinen üblich, entweder Suppe zu bestellen (meist abends) oder „hors-d'œuvre", jedoch nicht beides.

les huîtres (*w.*) *die Austern* (huîtres de Marennes, de Belon, claires, portugaises)	les petits-gris (*m.*) *kleine, graue Schnecken*
les escargots (*m.*) de Bourgogne *Weinbergschnecken*	les crevettes grises (*w.*) *Garnelen, Krevetten, Krabben, (kleine Meerkrebse)*

le bouquet *rosarote Meer-krebse (sonst: Blumen-strauß)*

le caviar *der Kaviar*

le saumon fumé *der Räucher-lachs*

la sardine à l'huile *die Öl-sardine*

les filets de hareng *(m.) He-ringsfilets*

les filets d'anchois *Anchovis*

le thon à l'huile *Thunfisch in Öl*

un œuf dur (à la) mayonnaise *hartgesottenes Ei mit Mayonnaise*

un œuf (à la) russe *russisches Ei*

un œuf à la coque *ein wei-ches Ei*

le jambon (de Paris, de Bayonne, d'York, de Pra-gue) *der Schinken*

le museau de bœuf *Ochsen-maulsalat*

les rillettes (du Mans) *(w.) Art Schweinefleischpaste*

le saucisson sec *die Hart-wurst*

le saucisson à l'ail *mit Knob-lauch gewürzte Wurst*

le pâté de campagne *Art Landleberwurst*

le pâté de foie *Leberwurst*

la galantine de lapin *Art Ka-ninchenpastete*

la langue écarlate *Pökel-zunge*

l'assiette anglaise

la charcuterie assortie } *Aufschnitt*

le foie gras (truffé à la gelée) *Gänseleber (mit Trüffeln in Gelee)*

les radis (roses) *(m.) Radies-chen*

le céleri rémoulade *Sellerie in Remouladensoße*

la salade de betteraves *Rote-Rüben-Salat*

la salade de tomates *Toma-tensalat*

les crudités *(w.) Rohkost*

les olives *(w.) die Oliven*

hors-d'œuvre variés *ver-schiedene Vorspeisen*

pain à discrétion *Brot nach Belieben (Verschwiegen-heit)*

une spécialité de la maison *eine Spezialität des Restau-rants*

le pâté maison *Leberpastete nach der besonderen Art des Restaurants*

le ravier *die Hors-d'œuvre-Schale*

une demi-douzaine *ein ½ Dutzend*

une douzaine *ein Dutzend*

une huitaine *8 Tage (nur bei Zeitangabe)*

une dizaine *etwa 10*

une quinzaine *etwa 15 (meist bei Zeitangabe)*

quinze jours *14 Tage*

trois mois *ein Vierteljahr*

six mois *ein halbes Jahr*

neuf mois *dreiviertel Jahr*

quinze mois *eineinviertel Jahr*

une vingtaine *etwa 20*

une trentaine *etwa 30 usw.*
une centaine *etwa 100*
vingt sous *(alte Münze)*
  = *1 Franc*
quarante sous = *2 Francs*
cent sous = *5 Francs*

un louis *(familiär)*
  = *20 Francs*
un billet (de mille)
  = *1000 Francs*
le jeton *die Biermarke, Spiel-*
  marke

Garçon! Une demi-douzaine d'huîtres de Marennes, s'il
vous plaît! Bien, monsieur! Monsieur désire-t-il du vin blanc
avec les huîtres? Qui, un carafon. — Combien de temps
comptez-vous rester à Paris, monsieur? Une dizaine de jours,
si le temps reste beau. — Combien de temps avez-vous travaillé à l'hôtel de l'Opéra? Quinze mois, madame. — Pourquoi avez-vous été renvoyée? — Combien coûtent les huîtres?
Comptez vingt francs la demi-douzaine.

24. Übung (Vingt-quatrième leçon)

D i e S p e i s e n k a r t e. 2. S u p p e n (p o t a g e s)

le bouillon *die Fleischbrühe (nur in gewöhnlichen Restaurants)*
le consommé *die Kraftbrühe (feinerer Ausdruck für „bouil-*
lon"), (potage à la) crème de ... *passierte Suppe, z. B.* crème de
poireaux *Lauchsuppe,*
potage aux légumes ⎱ *Gemüsesuppe*
potage Julienne ⎰
potage Saint-Germain *grüne Erbsensuppe*
potage à la fausse tortue *falsche Schildkrötensuppe*
potage aux pâtes (d'Italie) *Fleischbrühe mit Nudeln*
potage au vermicelle *Fleischbrühe mit Fadennudeln*
potage aux pointes d'asperges *Spargelspitzensuppe*
potage à la queue de bœuf *Ochsenschwanzsuppe*
potage Parmentier *Kartoffelsuppe (P. führte die Kartoffel in*
  Frankreich ein)
potage au potiron *Kürbissuppe*
(potage) bisque d'écrevisse *Krebssuppe*
potage à la tomate *Tomatensuppe*
potage à la semoule *Grießsuppe*
potage au tapioca *Sagosuppe*
potage à l'oseille *Sauerampfersuppe*

potage au cresson *Brunnenkreßsuppe*

potage Soubise, potage à l'oignon *Suppe mit Zwiebeln*

potage à la purée de haricots *Bohnenpüreesuppe*

B e s o n d e r h e i t e n :

bouillabaisse *Fischsuppe (besonders in Südfrankreich)*

pot-au-feu *Suppe, in der Rindfleisch mit Gemüsen gekocht wurde (auch:* Petite marmite)

soupe aux choux *Kohlsuppe*

soupe à l'oignon *Zwiebelsuppe mit gerösteten Brotschnitten und geriebenem Käse (nur in den beiden letzteren Arten wird der Ausdruck „soupe" gebraucht!).*

l'assiette creuse ⎱ *Suppen-*	la louche *Schöpflöffel*
l'assiette à soupe ⎰ *teller*	la soupière *Suppenschüssel*
l'assiette plate *flacher Teller*	*(nicht:* „la terrine")
l'assiette à dessert *Dessert- teller*	

D a s b e z ü g l i c h e F ü r w o r t

Voici le monsieur (la dame) **qui** parle français. *Hier ist der Herr (die Dame), d e r (welcher; d i e , welche) Französisch spricht.*

Voilà les messieurs (les dames) **qui** habitent au premier étage. *Dort sind die Herren (Damen), d i e (welche) im 1. Stock wohnen.*

Donnez-moi un couteau **qui** coupe mieux. *Geben Sie mir ein Messer, d a s (welches) besser schneidet.*

Voilà le garçon (la bonne, les clients, le restaurant) **dont** je parle. *Dort ist der Kellner (das Dienstmädchen, die Kunden, das Restaurant), v o n d e m (von welchem usw.) ich spreche.*

Voici le monsieur à **qui** j'ai envoyé une carte. *Hier ist der Herr, d e m (welchem) ich eine Karte geschickt habe.*

Voilà un fromage (une cigarette, des gens) **que** j'aime! *Das ist ein Käse (eine Zigarette), das sind Leute, d i e (welche) ich gern habe!*

Où est l'étranger **pour qui** le chasseur est allé à la poste? *Wo ist der Fremde, f ü r d e n (welchen) der Laufbursche zur Post gegangen ist?*

Voici la louche **avec laquelle** on sert le potage. *Hier ist der Schöpflöffel, m i t d e m (welchem) man die Suppe serviert.*

J'aime **ce qui** est bon. *Ich liebe, w a s gut ist.*

Demandez au garçon **ce que** vous ne trouvez pas sur le menu. *Verlangen Sie vom Kellner, was Sie nicht auf der Speisenkarte finden.*

B e a c h t e : „qui" *und* „que" *werden unterschiedslos für Personen und Sachen aller Geschlechter und Zahlen verwendet, ebenso* „dont", *für letzteres kann jedoch bei Personen auch* „de qui" *stehen. Nach Verhältniswörtern steht für Personen* „qui", *für Sachen muß* „lequel, laquelle, lesquels, lesquelles" *eintreten.*

Ü b e r s e t z e : *Zeigen Sie mir den Hotelpagen, der Englisch spricht. — Die Zimmer, von denen ich spreche, sind nicht bewohnt* (habitées). *— Wer ist die Dame, von der du sprichst? — Ich habe das Glas bezahlt, das ich zerbrochen habe. — Der Arbeitgeber, bei dem ich arbeite, ist aus Marseille. — Geben Sie mir, was fertig* (prêt) *ist.*

25. Übung (Vingt-cinquième leçon)

Z u b e r e i t u n g s a r t e n

la manière (la façon) *Art und Weise*

à la mode de ... *auf ... Art*

à l'allemande *auf deutsche Art*

à l'anglaise *auf englische Art (gedünstet in Buttersoße)*

à la hollandaise *auf holländische Art*

à l'italienne *auf italien. Art*

à la russe *auf russische Art*

à la bordelaise *wie in Bordeaux*

à la provençale *auf provenzalische (südfranzös. Art)*

à la Bercy *mit Schalottenzwiebeln und Wein*

au beurre noir *mit brauner Butter*

au bleu *blau gesotten (Fisch)*

à la bonne femme *gut bürgerlich, nach Hausfrauenart*

à la broche) *am Spieß*
brochette) *gebraten*

à la chasseur *nach Jägerart*

à la forestière *nach Försterin-*

à l'écarlate *gepökelt [art*

à l'étouffée)
à l'étuvée) *gedämpft*

à la financière *fein zubereitet*

au four *im Ofen (Bratrohr) gebraten*

à la gelée *mit Gallerte*

au gratin) *mit Kruste (im*
gratiné) *Topf) gebacken*

à la jardinière | *nach Gärt-*
à la macédoine | *nerinnenart*
à la maître d'hôtel *nach*
  Haushofmeisterart
à la marinière *auf Seemanns-*
  art
à la matelote *auf Matrosen-*
  art
à la meunière *nach Mülle-*
  rinnenart
au naturel | *einfach gekocht*
nature | *(gesotten)*
à la poulette *mit Eier-Butter-*
  Soße
à la vinaigrette *mit Essig*
  und Öl
vert pré *mit gehackten Kräu-*
  tern, mit Brunnenkresse
en belle vue *in Gallerte*
en casserole *im Tiegel ge-*
  schmort
en cocotte *in der Kasserolle*
  gedämpft
en coquilles *in Muschel-*
  schalen
en marinade | *gebeizt,*
mariné | *mariniert*
en papillote *in Papier gebra-*
  ten (gedämpft)
en robe de chambre *in der*
  Schale (Kartoffeln)
sur canapé *auf gerösteter*
  Brotschnitte serviert
terrine de . . . *in der Schüssel*

en gibelotte *(Wild) in Weiß-*
  weinsoße
bardé *in Speck gewickelt*
bouilli *einfach gekocht, ge-*
  sotten
cuit *gekocht, fertig*
bien cuit *gut durch*
saignant *halb durch („eng-*
  lisch") (eigentl.: „blutend")
braisé |
daubé | *geschmort*
en daube |
farci *gefüllt*
flambé *mit Kognak übergos-*
  sen und angezündet (bei
  Geflügel: gesengt)
frit *in Fett gebacken, gebraten*
fumé *geräuchert*
grillé | *auf dem Rost*
au gril | *gebraten*
glacé | *bei Fleisch: übersülzt*
glace | *bei Kuchen: Zuckerguß*
haché |
hachis | *gehackt*
lardé |
piqué | *gespickt*
pané *paniert*
poêlé *in der Pfanne heraus-*
  gebacken
rôti *gebraten*
sauté *in Butter geschwenkt*
soufflé *in Fett gebraten*
truffé *mit Trüffeln zubereitet*
accommoder *zurechtmachen*

B e a c h t e : *In der Küchensprache und auf der Speisen-*
karte werden „à la, au, en" meist weggelassen.

Ü b u n g : *Bilde die Grundform der von Tätigkeitswörtern*
auf -er stammenden obigen Mittelwörter der Vergangenheit
bardé, braisé, fumé, glacé, grillé, haché, lardé, pané, sauté,
truffé *und bilde Sätze mit diesen Tätigkeitswörtern.*

Beachte, daß diese Mittelwörter wie Eigenschaftswörter nach Zahl und Geschlecht verändert werden müssen, wenn man sie als Beifügung benützt.

U b e r s e t z e : saumon fumé, sardines grillées, thon mariné, jambon glacé, viande hachée, langue braisée, foie gras truffé, museau de bœuf vinaigrette.

K o n v e r s a t i o n : Quelles sont les différentes manières d'accommoder la viande, les œufs, les légumes? Comment préférez-vous les pommes de terre *(Kartoffeln)*? De quelle façon accommode-t-on le céleri?

26. Übung (Vingt-sixième leçon)

D i e   S p e i s e n k a r t e .

3. Z w i s c h e n g e r i c h t e   (e n t r é e s)

Die „entrées", meist warme Speisen, sind nicht mit den „hors-d'œuvre" zu verwechseln und folgen unmittelbar auf die Suppe.

l'entrée *(w.) das Zwischengericht (auch der Eingang, Vorplatz)*

l'aspic *(m.) Sülze, Aspik*

la bouchée (à la reine) *kleine Blätterteigpastete*

le vol-au-vent *große Blätterteigpastete*

le pâté (froid, chaud) *die (kalte, warme) Pastete*

le pâté en croûte *Fleischpastete*

la tourte *Fleisch- (Fisch-) Pastete*

le gnocchi (*spr.* njoki) *kleine Käsepastete*

les ravioli *(m.) Teigwaren mit Fleischfüllung*

la timbale *becherförmige Pastete*

la tarte au fromage *große Käsepastete*

la quiche lorraine *Lothringer (flache) Pastete*

les œufs au bacon *Eier mit Speck*

les œufs brouillés *Rühreier*

les œufs pochés *verlorene Eier*

les œufs sur le plat *Spiegeleier*

l'omelette *(w.) Eierkuchen*

l'omelette aux champignons *Eierkuchen mit Pilzen*

l'omelette aux fines herbes *Eierkuchen mit feingehackten Kräutern*

l'omelette au jambon *Eierkuchen mit Schinken*

l'omelette Parmentier *Eierkuchen mit Bratkartoffeln gefüllt*

l'omelette nature *der einfache Eierkuchen*

Übersetze: *Ober, die Speisenkarte!* — *Hier, mein Herr!* — *Geben Sie mir eine Spargelspitzensuppe, bitte!* — *Und dann, mein Herr? Ein Vorgericht? Ich kann Ihnen die Blätterteigpasteten empfehlen.* — *Nein, danke, keine Blätterteigpastete, eher einen Eierkuchen.* — *Sehr wohl, mein Herr.* — *Womit* (à quoi) *wünscht der Herr den Eierkuchen, mit Schinken, feinen Kräutern oder mit Pilzen?* — *Haben Sie nicht auch einfache Eierkuchen?* — *Doch, mein Herr.* — *Dann* (Alors ce sera) *einen einfachen Eierkuchen.*

Die (regelmäßigen) Tätigkeitswörter auf -ir

finir *beenden, fertigmachen (Stamm* fin-, *erweiterter Stamm* finiss-, *Mittelwort der Vergangenheit* fini = *beendigt).*

Gegenwart:

je fin**is** *ich beendige*	
tu fin**is** *du beendigst*	
il fin**it** *er beendigt*	
nous fin**issons** *wir beenden*	*In der Mehrzahl werden*
vous fin**issez** *ihr beendigt,*	*die bereits bekannten En-*
Sie beendigen	*dungen an den erweiter-*
ils fin**issent** *sie been-*	*ten Stamm gehängt*
digen	

Zusammengesetzte Vergangenheit:

j'ai fini *usw. ich habe beendigt.*

Imperfekt:

je fin**issais** *ich beendigte usw. Die bereits bekannten Imperfektendungen werden an den erweiterten Stamm gehängt.*

Zukunft:

je fin**irai** *ich werde beenden usw. Die bereits bekannten Endungen der Zukunft werden an die Grundform gehängt.*

Bedingungsform:

je fin**irais** *ich würde beenden usw. Die Imperfektendungen werden an die Grundform gehängt.*

Verwende nach dem Beispiel finir *folgende Tätigkeitswörter:*

fournir *liefern*
remplir *füllen*
salir *beschmutzen*
choisir *wählen*

affranchir *freimachen (Briefe)*
assortir *passend zusammenstellen*
garnir *garnieren, ausstatten*

Je finis mon service. Avez-vous fini ma chambre? Remplis-sez cette carafe! Qui fournit ce vin? On a sali ce journal. Cette assiette a été salie. Le chasseur affranchira ma lettre. Avez-vous des hors-d'œuvre assortis? Je regrette, monsieur, ils sont finis.

27. Übung (Vingt-septième leçon)

Unregelmäßige Tätigkeitswörter auf **-ir**

servir *auftragen, bedienen (Stamm ser(v), keine erweiterte Stammform, Mittelwort d. V. servi = bedient, aufgetragen)*

je sers *ich bediene (trage auf)*
tu sers *du bedienst*
il ser**t** *er bedient*
nous ser**vons** *wir bedienen*
vous ser**vez** *ihr bedient, Sie bedienen*
ils ser**vent** *sie bedienen*

je ser**vais** *ich bediente usw.*
j'ai servi *ich habe bedient*
je ser**virai** *ich werde bedienen*
je ser**virais** *ich würde bedienen*
sers! *trag auf!* servons! *tragen wir auf!*
servez! *tragt auf, tragen Sie auf!*

Verwende nach dem Beispiel „servir" folgende Tätigkeits-wörter:

desservir *abtragen*
dormir *schlafen*
partir (pour) *abreisen (nach)*

sentir *riechen, fühlen*
sortir *ausgehen*
la sortie *der Ausgang*

Beachte:

Madame est servie *gnädige Frau, es ist serviert*
Monsieur est servi *es ist serviert, mein Herr*
ce vin sent le bouchon *dieser Wein riecht (schmeckt) nach dem Kork*

Vous n'êtes pas bien servi(e), monsieur (madame)
Sie haben sich nichts Gutes herausgesucht

Mais si, monsieur (madame), je suis bien servi(e)

Servez-vous, monsieur (madame) *Bedienen Sie sich!*

l'odeur *(w.) Geruch*
le parfum *Parfüm (bei Eis u. Mehlspeisen: Aroma, z. B. parfumé à la vanille)*
un drôle de goût *ein sonderbarer Geschmack*

à mon goût *nach meinem Geschmack*
fade *geschmacklos, fad*

Qui sert à la table dix-sept? — C'est Jean. Il va servir le potage. — Monsieur Lebon est très pressé, servez-le *(ihn)* le premier. — Garçon, vous dormez? J'ai commandé une assiette anglaise il y a *(vor)* vingt minutes. — Voilà, monsieur, excusez-moi, mais ce n'est pas moi qui sers à votre table. — Garçon, ce vin sent le bouchon! — Vraiment, monsieur? — Sentez vous-même *(Sehen Sie selbst)!* — En effet, monsieur, je vais appeler le gérant qui va changer la bouteille. — A quelle heure part le train pour Vienne? — A 15 heures 42, monsieur. Voici l'indicateur.

Ü b e r s e t z e : *Johann, tragen Sie auf, wir haben Hunger.
— Dieser Personenzug wird um dreiviertel neun Uhr in Paris ankommen. — Wann werden Sie abreisen? — Wir werden gleich ausgehen und im Restaurant speisen. — Versuchen Sie diese Fleischpastete, ist sie nicht ausgezeichnet? — Sie haben recht, sie ist auserlesen. — Aber Sie haben sich nichts Gutes herausgesucht, ich will (nahe Zukunft) Ihnen ein größeres Stück geben. — Danke, Sie sind zu freundlich. — Man wird Frau Reynaud in ihrem Zimmer servieren, sie ist krank und geht nicht aus. — Hat sie gut geschlafen? — Nein, sie hat sehr schlecht geschlafen.*

28. Übung (Vingt-huitième leçon)

D i e S p e i s e n k a r t e . 4. F i s c h e (P o i s s o n s)

Les poissons de mer *(Seefische)*
l'alose *(w.) die Alse, Alose*

l'aiglefin (aigrefin) *der Schellfisch*
le bar *der Wolfsbarsch*

la barbue *die Rautenscholle*
le cabillaud *der Kabeljau*
la dorade *die Goldbrasse*
l'éperlan *(m.) der Stint*
l'esturgeon *(m.) der Stör*
le hareng *der Hering*
le hareng saur *der geräucherte Hering*
la limande *die Kliesche, Rotzunge*
le maquereau *die Makrele*
le merlan *der Wittling (kleiner Schellfisch)*
la merluche *der Stockfisch*
la morue *der gesalzene Stockfisch*
le mulet *die Seebarbe*
le rouget *die Rotbarbe*
la raie *der Rochen*
la sole *die Seezunge*
le thon *der Thunfisch*
le turbot *der Steinbutt*
friture de . . . petits poissons frits ⎰ *gebackene kleine Fische*
le court-bouillon *der Fischsud*
Les poissons d'eau douce *(Süßwasserfische)*

l'anguille *(w.) der Aal*
le barbeau *die Barbe*
le brochet *der Hecht*
la carpe *der Karpfen*
le carpillon *der junge Karpfen*
le goujon *der Gründling*
l'ombre *(m.) die Äsche*
l'ombre bleu *die Renke*
la perche *der Barsch*
le saumon *der Lachs*
la tanche *die Schleie*
la truite *die Forelle*
les quenelles *(w.) de brochet Hechtklößchen*
les crustacés *(m.) (die Schaltiere)*
le crabe *die (große, runde) Krabbe, der Taschenkrebs*
la coquille Saint-Jacques *die Jakobsmuschel*
le homard *der Hummer*
la langouste *die Languste*
la langoustine *Langustine*
l'écrevisse *(w.) der Flußkrebs*
la moule *die Muschel*
la tortue *die Schildkröte*
la grenouille *der Frosch*

Ü b e r s e t z e : merlan frit, sole frite, filet de hareng, filet de sole (au) vin blanc, limande au gratin, brochette d'éperlans, maquereau au beurre noir, truite au bleu, friture de carpillons, cabillaud froid mayonnaise, saumon grillé, thon froid rémoulade, homard en belle vue, moules marinière, grenouilles sautées (à la) provençale.

Ü b e r s e t z e : *Thunfisch auf dem Rost, Hecht blau, Renke gebacken, Languste mit Mayonnaise, gebackene Gründlinge (friture de . . .), Steinbutt in Weißwein, Seezunge in Kruste gebacken, gebackener Karpfen, kalter Lachs auf russische Art, geräucherter Aal, Barsch blau.*

Das alleinstehende besitzanzeigende Fürwort

le mien, la mienne, les miens, les miennes, *der (die, das) meinige(n)*

le tien, la tienne, les tiens, les tiennes *der (die, das) deinige(n)*

le sien, la sienne, les siens, les siennes *der (die, das) seinige(n), der (die, das) ihrige(n)*

le nôtre, la nôtre, les nôtres *der (die, das) unsrige(n)*

le vôtre, la vôtre, les vôtres *der (die, das) Ihrige(n), eurige(n)*

le leur, la leur, les leurs *der (die, das) ihrige(n).*

Die nicht mit einem Hauptwort verbundenen besitzanzeigenden Fürwörter sind gewöhnlich länger als die verbundenen. Der Akzent (ˆ) auf nôtre und vôtre macht das „o" länger und geschlossener.

Est-ce votre couteau? Non, ce n'est pas le mien, c'est le sien. A votre santé! *(Auf Ihr Wohl!).* — A la vôtre! *(Auf das Ihre!)* — Voici ton assiette! Mais non, ce n'est pas la mienne, c'est la tienne. — Nos chambres sont au premier étage, les vôtres sont au troisième. — J'ai apporté leurs lettres et la sienne. — Chacun pense aux siens.

29. Übung (Vingt-neuvième leçon)

Die Speisenkarte. 5. Fleisch (viande)

le bœuf *der Ochs*
du bœuf *Ochsenfleisch*
le veau *das Kalb*
le mouton *der Hammel, das Schaf*
le pré-salé *der Hammel, der auf salzigen Wiesen (am Meer) weidete, erstklassiges Hammelfleisch*
l'agneau *(m.) das Lamm*
le porc *das Schwein*
le porcelet *das Jungschwein*
le cochon de lait *das Spanferkel*
la tête *der Kopf (bei Schwein und Wildschwein:* la hure)

la langue *die Zunge*
l'oreille *(w.) das Ohr*
la cervelle *das Hirn*
l'épaule *(w.) die Schulter*
la poitrine *die Brust*
les tripes *die Kutteln, Kaldaunen*
le cœur *das Herz*
le foie *die Leber*
le rognon *die Niere (als Speise)*
la rate *die Milz*
le rôti *der Braten*
la côte *das Rippenstück, Kotelett*
la côtelette *das Kotelett*

la culotte *das Schweif-,*
Schwanzstück
le pied *der Fuß*
le jarret *die Haxe*
la queue *der Schweif*
le gigot *(beim Hammel) die*
Keule
le cuisseau *(beim Kalb)*
Schlegel

la selle *der Rücken (bei klei-*
neren Schlachttieren)
le carré *das Vorderviertel*
(bei Hammel, Schwein,
Kalb, Lamm)
l'os *(m.)* (spr. loss) *der*
Knochen
les os (läso) *die Knochen*
la moelle *(spr.* moal) *das*
Mark

Die persönlichen Fürwörter

Le portier **me (te, lui, nous, vous, leur)** donne la clef. *Der*
Portier gibt m i r (d i r , i h m/i h r , u n s , I h n e n/e u c h ,
i h n e n) den Schlüssel.
Le garçon **me (te, le/la, nous, vous, les)** sert. *Der Kellner*
Portier bedient m i c h (d i c h , i h n/s i e , u n s , S i e/
e u c h , s i e).
Le monsieur (la dame) **se** sert. *Der Herr (die Dame) bedient*
s i c h.
Les messieurs (les dames) **se** servent. *Die Herren (die Da-*
men) bedienen s i c h.
Voilà des huîtres! **En** mange-t-on (est-ce qu'on **en** mange)
beaucoup chez **toi?** *Da sind Austern! Ißt man d e r e n viel*
bei dir?
Y penses-tu? *Denkst du daran?* Oui, mon ami, j'**y** pense.

Die mit dem Tätigkeitswort verbundenen Fürwörter stehen
in der Regel v o r dem Tätigkeitswort bzw. vor dem Hilfs-
zeitwort.
Das rückbezügliche Fürwort „se" = sich gilt wie im Deut-
schen für 3. Person Einzahl und Mehrzahl, männlich und
weiblich.
„en" steht an Stelle der Präposition „de" mit Hauptwort,
jedoch nur bei Sachnamen.
„y" steht an Stelle der Präposition „à" mit Hauptwort,
ebenfalls nur bei Sachnamen.
Garçon! Je vous ai demandé des journaux, où sont-ils? —
Voilà, monsieur, je vous les apporte. Les voici, monsieur. —
N'en avez-vous pas de ce matin? — Non, monsieur, on ne
les a pas encore apportés. — Voici du pain, servez-vous,

messieurs! — Si nous commencions par *(mit)* des huîtres? —
Des huîtres au mois de Juin? Vous n'y pensez pas!

Hat Ihnen der Portier den Schlüssel gegeben? — Haben Sie
ihm ein Trinkgeld gegeben? — Ich empfehle Ihnen unsere
Hauspastete. — Wer hat mein Glas gefüllt? — Der Kellner
hat es gefüllt. — Wer geht zum Bahnhof? — Der Hotelpage
geht hin. — Lassen Sie diese alten Zeitungen, ich werde
Ihnen (deren) andere zeigen. — Wie viele Vorspeisen habt
ihr? Wir haben (deren) etwa zwanzig.

30. Übung (Trentième leçon)

D i e   S p e i s e n k a r t e .   6 .   F l e i s c h g e r i c h t e
(p l a t s   d e   v i a n d e)

le bifteck le steak *(aus engl. beef-steak) Ochsenlendenschnitte gebrat.*

steak au poivre *Pfeffersteak*

le rosbif *(aus engl. roastbeef) ausgebeintes Rippenstück vom Ochsen, auch Portion davon*

le rumsteck *das Rumpsteak*

le filet *Lende vom Schlachtvieh (bei Fisch: von Haut und Gräten befreite Rückenschnitten)*

le chateaubriand *gebratenes Ochsenfiletstück*

le tournedos *Filetscheibe gebraten*

le faux-filet l'aloyau *(m.)* | *Rückenstück, Lendenbraten*

l'entrecôte *(w.) das Mittelrippenstück (beim Rind)*

la fricadelle la croquette | *gebackene Fleischklöße*

la roulade la paupiette | *Roulade Fleischröllchen*

le hachis Parmentier *Kartoffelpüree auf Hackfleisch*

le fricandeau *Schnitte von gespicktem Kalbfleisch*

le ragoût *das Ragout*

l'émincé *(m.) das Blätterragout*

le bœuf bourguignon *Rindsgulasch in Rotwein*

l'escalope *(w.) das Kalbsschnitzel*

la longe de veau *Art Kalbsnierenbraten*

le ris de veau *Kalbsbries*

la noix de veau *die Kalbsnuß*

la noisette *Nüßchen (Kalb, Reh)*

la blanquette *Kalbsragout in weißer Soße*

le veau Marengo *Kalbsragout mit Tomaten u. Weißwein*

le haricot de mouton le navarin | *Hammelragout m. Kartoffeln, Rübchen usw.*

le cassoulet *Hammelragout mit Gänsefleisch u. weißen Bohnen*

le mutton chop *das (dicke) Hammelkotelett*

le boudin *Blutwurst*	la saucisse *Brat-, Schweins-*
le boudin blanc *Art Weiß-*	*wurst, Würstchen*
wurst	la s. de Francfort *Frank-*
	furter W.

Die persönlichen Fürwörter (Fortsetzung)

J'ai un couteau. Je **te le** donne. *Ich habe ein Messer. Ich gebe es d i r.*

Ce couteau est au patron. Je **le lui** donne. *Dieses Messer gehört dem Besitzer. Ich gebe e s i h m.*

Si le garçon n'a pas de monnaie, je **lui en** donnerai. *Wenn der Kellner kein Kleingeld hat, werde ich i h m w e l c h e s geben.*

Y a-t-il des huîtres? Oui, monsieur, il **y en** a. *Gibt es Austern? Ja, mein Herr, es gibt w e l c h e.*

Bei Zusammentreffen von zwei persönlichen Fürwörtern gilt folgende Wortstellung:

W e m f a l l   W e n f a l l   W e m f a l l

me		le	*steht* lui	*steht*	*steht*	*Tätigkeits-*
te	*steht*	la	*vor* leur	*vor* Y	*vor* en	*wort*
se	*vor*	les				
nous						
vous						

Madame Lenoir a une nouvelle cuisinière. Qui **la** lui a recommandée? Les étrangers n'ont-ils pas encore vu les chambres au premier étage? Mais si, Charles **les** leur a montrées. Le facteur vous a-t-il donné votre lettre, monsieur? Oui, mon ami, il me l'a donnée.

(On frappe: *man klopft.*) Entrez! — Bonjour, messieurs! — Bonjour, mademoiselle! — Que désirent ces messieurs? — Nous ne trouvons pas nos chaussures. — Je les ai, messieurs! — Ne les avez-vous pas encore cir**ées**? — Non, messieurs, mais je vous les apporterai dans dix minutes. — Voilà, messieurs! — Merci, mademoiselle! — A votre service, messieurs!

Geht einem Mittelwort der Vergangenheit (z. B. ciré*) ein Fürwort im Wenfall v o r a u s , so richtet sich das Mittelwort nach diesem Wenfall. Das Mittelwort bleibt aber unverändert, wenn es v o r dem Wenfall steht (z. B.* j'ai ciré les chaussures).

31. Übung (Trente et unième leçon)

Die Speisenkarte. 7. Das Geflügel
(la volaille)

le canard *die Ente*
le caneton *die junge Ente*
le chapon *der Kapaun (Masthahn)*
le poulet *das Hühnchen*
la poularde *das Masthuhn*
la poule *das Suppenhuhn*
la dinde *die Truthenne*
le dindon *der Truthahn*
le dindonneau *der junge Truthahn*
l'oie *(w.) die Gans*

le pigeon *die Taube*
la pintade *das Perlhuhn*
le coq au vin *Huhn in Rotweinsoße*
les abatis *Geflügelklein, Jung*
l'aile *(w.) der Flügel*
la cuisse *der Schenkel*
la crête *der Hahnenkamm*
la fricassée *Geflügelragout*
suprême de... *Auserlesenes von ..., Geflügelbrust*

Übersetze: Chapon rôti, filet de bœuf sauce madère, côte de veau poêlée, langue de bœuf braisée, épaule de mouton rôtie, poulet en fricassée, poularde de Bresse truffée, pigeon en cocotte, poitrine de veau farcie, sauté de veau à la provençale, ¹/₄ de poulet en gelée. *(Ein Gast zeigt auf die Speisenkarte):* Garçon, qu'est-ce que c'est? — C'est du bœuf, monsieur! — Est-ce que c'est du bœuf rôti? — Non, monsieur, c'est du bœuf braisé.

Die persönlichen Fürwörter (Fortsetzung)

1. Qui a parlé? **Moi!** *Wer hat gesprochen? Ich!*
2. Je reste avec **toi.** *Ich bleibe bei dir.*
3. **Moi,** je ne suis pas de cet avis. *Ich (betont) bin nicht dieser Ansicht.*
4. Qui a cassé cette assiette? C'est **lui** qui l'a cassée. *Wer hat diesen Teller zerbrochen? Er (betont) hat ihn zerbrochen.*
5. **Lui-même** (il) me l'a dit. *Er selbst hat es mir gesagt.*
6. Voici le journal. Donnez-**le-moi!** *Hier ist die Zeitung. Geben Sie sie mir!*
7. Je suis plus fort qu'**eux.** *Ich bin stärker als sie (Mehrzahl).*

Die nicht mit dem Zeitwort verbundenen, starken Formen der Fürwörter (moi = ich, mir, mich; toi = du, dir, dich; lui = er, ihm, ihn; eux = sie, ihnen) *stehen:*

1. *bei einer unvollständigen Antwort;*
2. *nach* Verhältniswörtern (avec, à, de, pour, chez *usw.);*
3. *bei starker Betonung in Verbindung mit ihrer schwachen Form;*
4. *nach* c'est *zur Betonung;*
5. *in Verbindung mit* même *(selbst),* aussi *(auch),* seul *(allein);*
6. *bei der (bejahten) Befehlsform;*
7. *bei Vergleichen.*

M e r k e :

la maison est à moi *das Haus gehört mir*
les tables sont à lui *die Tische gehören ihm usw.*
je suis chez moi *ich bin zu Hause (bei mir)*
tu es chez toi *du bist zu Hause usw.*

B e a c h t e :

elle, nous, vous *und* elles *haben keine besondere starke Form.*

Pardon, monsieur, madame Laval est-elle chez elle? — Non, madame, elle est sortie. — As-tu payé pour moi? — Oui, mon cher, c'est moi qui ai réglé ta note. — Passez-moi le vinaigre, s.v.p.! — Un bock! — Blonde ou brune? — Blonde! — A moi une bouteille de vin ordinaire! — A qui est cette lettre? Est-elle à toi? — Non, elle n'est pas à moi. — Est-ce que tu parles français, mon ami? — Oui, mon cher. — Moi aussi. — Parlez-vous anglais? — Moi non. — (Ni) moi non plus *(ich auch nicht).* — Ai-je l'honneur de parler à monsieur Poncet *(habe ich die Ehre, Herrn P. zu sprechen)?* — Moi-même, monsieur (c'est moi, monsieur) *(ich bin es selbst, so heiße ich).*

32. Übung (Trente-deuxième leçon)

D i e   S p e i s e n k a r t e .   8.   W i l d b r e t   (g i b i e r)

le gibier à poil *(das Haarwild)*
le cerf *der Hirsch*
le chamois *die Gemse*
le chevreuil *das Reh*
le daim *der Damhirsch*
la biche *die Hirschkuh*
le lapin *das Kaninchen, der Stallhase*

le lapin de garenne *das Wildkaninchen*
le lièvre *der Hase*
le levraut *der junge Hase*
le sanglier *das Wildschwein*
le civet *der Hasenpfeffer*
le cuissot *der Schlegel, die Keule (beim Wild)*

69

le râble *der Rücken (v. Hasen)*
le gibier à plume *(das Wild-geflügel)*
la bécasse *die Waldschnepfe*
la bécassine *die Wasser-schnepfe*
la caille *die Wachtel*
le canard sauvage *die Wild-ente*
le coq de bruyère *der Auer-hahn*
le faisan *der Fasan*

la gelinotte *das Haselhuhn*
la grive *die Drossel (Kram-metsvogel)*
l'ortolan *(m.) die Garten-ammer*
la perdrix *das alte Rebhuhn*
le perdreau *das junge Reb-huhn*
la sarcelle *die Knäkente*
le vanneau *der Kiebitz*
le salmis *das Ragout v. Wild-geflügel*

D i e (r e g e l m ä ß i g e n) T ä t i g k e i t s w ö r t e r a u f **-re**
vendre *verkaufen (Stamm* vend-, *Mittelwort d. V.* vendu =
verkauft)

G e g e n w a r t :

je vend**s** *ich verkaufe* il ven**d** *er verkauft*
tu vend**s** *du verkaufst* nous vend**ons** *wir verkaufen*
vous vend**ez** *ihr verkauft,* Sie *verkaufen*
ils vend**ent** *sie verkaufen*

Z u s a m m e n g e s e t z t e V e r g a n g e n h e i t :

j'ai vendu *ich habe verkauft usw.*

I m p e r f e k t : je vend**ais** *ich verkaufte usw.*

Z u k u n f t : je vend**rai** *(Ausfall des „e") ich werde ver-kaufen usw.*

B e d i n g u n g s f o r m :

je vend**rais** *ich würde verkaufen usw.*

B e u g e e b e n s o :

attendre *warten* entendre *hören*
descendre *herunter-steigen* rendre *zurück-, heraus-geben*
rendre (un) service *einen Dienst erweisen*
(c'est) entendu *abgemacht.*

Bonjour, mon ami! Avez-vous vendu votre maison? — Oui,
mon cher, je l'ai vendue. — A qui l'avez-vous vendue? — A
Monsieur Turlin. — Quand? — Avant-hier. — Et qui est ce
Monsieur Turlin? — Il était gérant de l'hôtel Lambert. —

Vous avez fait une bonne affaire *(Geschäft)?* — Oui, j'y ai gagné cinquante mille francs. — A la bonne heure *(das lasse ich mir gefallen!)*

Ce vin se vend bien. — Garçon, vous m'avez rendu un billet de dix francs de trop! — En effet, monsieur, excusez-moi, je ne m'en rendais pas compte *(ich bemerkte es nicht).* — Pourquoi ne commencez-vous pas à dîner? — J'attendrai mon ami.

33. Übung (Trente-troisième leçon)

Die Speisenkarte. 9. Gemüse (Légumes)

les primeurs *(w.) Frühgemüse*
l'artichaut *(m.) Artischocke*
l'aubergine *(w.) Eierpflanze*
les asperges *(w.) Spargel*
la carotte *gelbe Rübe*
le céleri *Sellerie*
le chou *Kohl, Kraut*
les choux de Bruxelles *Rosenkohl*
le chou-fleur *Blumenkohl*
le chou rouge *Blaukraut*
le chou de Milan *Wirsing*
la choucroute *Sauerkraut*
la ch. garnie *mit Schinken u. Würstchen garniertes Sauerkraut*
les épinards *(m.) Spinat*
le haricot (blanc) *die (weiße) Bohne*
le haricot vert *grüne Bohne*
le flageolet *junge Zwergbohne*
les soissons *große weiße Bohnen*
la lentille *Linse*
le navet *weiße Rübe*
le marron *(eßbare) Kastanie*
le poireau *Porree (Lauch)*
le pois *Erbse*

les petits pois *grüne Erbsen*
la macédoine
la jardinière } *Mischgemüse*
la pomme de terre *Kartoffel*
pommes frites *Backkartoffeln (aus rohen, fingerdick geschnittenen Kartoffeln)*
pommes allumettes
pommes paille } *wie oben, aber viel dünner*
pommes chips *wie oben, aber in dünnen Scheiben*
pommes boulangère *im Bratrohr geröstete Kartoffeln*
pommes Pont-Neuf *in Butter geschwenkte Kartoffeln mit Petersilie*
pommes sautées *geröstete Kartoffeln, Bratkartoffeln*
pommes soufflées *gebackene (aufgeblähte) Kartoffeln*
purée de pommes de t. *Kartoffelpüree*
pommes mousseline *Kartoffelpüree*
le raifort *Meerrettich*
le riz *Reis*
le salsifis *Schwarzwurzel*
le champignon *Pilz*

le ch. de Paris *künstlich ge-* *zogener Champignon*	les pâtes *(w.) Teigwaren*
le cèpe *Steinpilz*	la coquillette *Hörnchennudel*
la girolle *Eierschwamm*	le macaroni *Makkaroni*
la morille *Morchel*	la nouille *Bandnudel*
	le spaghetti *Spaghetti*

U n r e g e l m ä ß i g e T ä t i g k e i t s w ö r t e r a u f -re

prendre *nehmen, trinken (Stamm* pren-, *Mittelwort d. V.* pris = *genommen)*	**mettre** *legen, stellen (Stamm* met-, *Mittelwort d. V.* mis = *gelegt, gestellt)*

G e g e n w a r t :

je prends *ich nehme*	je mets *ich lege, stelle*
tu prends *du nimmst*	tu mets *du legst*
il prend *er nimmt*	il met *er legt*
nous prenons *wir nehmen*	nous mettons *wir legen*
vous prenez *ihr nehmt, Sie n.*	vous mettez *ihr legt, Sie legen*
ils prennent *sie nehmen*	ils mettent *sie legen*

I m p e r f e k t :

je prenais *ich nahm usw.*	je mettais *ich legte usw.*

Z u k u n f t u n d B e d i n g u n g s f o r m *wie gewöhnlich (Ausfall des „e").*

E b e n s o :

apprendre *lernen, erfahren*	promettre *versprechen*
comprendre *verstehen*	remettre *übergeben, ver-*
admettre *zugeben, zulassen*	schieben
permettre *erlauben*	

M e r k e :

prendre feu *Feuer fangen,* prendre l'air *Luft schöpfen (ausgehen)*
prendre froid *sich erkälten*
prendre pour *für jemand halten*
mettre le couvert *den Tisch decken.*

Où avez-vous appris le français? Vous (le) parlez très bien. — Je l'ai appris à l'école. — Que prenez-vous comme boisson, monsieur? — Une demi-bouteille de vin rouge. — Vos allumettes ne prennent pas, n'en avez-vous pas d'autres? — Je regrette, monsieur, mais essayez donc mon briquet. — Madame Leroy a pris froid hier en sortant de sa chambre. —

On me prend souvent pour mon frère. — Je ne comprends ni n'admets qu'on chante à table.

Übersetze: *Ich habe erfahren, daß Sie Ihr Hotel verkauft haben. — Es ist zu spät, um zum Bahnhof zu gehen. — Nein, nein, wir werden (gleich) die Straßenbahn nehmen. — Verzeihung, mein Herr, wo nimmt man die Billetten? — Am Schalter Nummer 6, gerade gegenüber* (juste en face). *— Wer hat das Zimmer Nummer 21 genommen? — Erlauben Sie, gnädige Frau, daß die Kellner den Tisch decken. — Ich werde dem Portier unseren Schlüssel übergeben. — Er hat mir ein gutes Abendessen versprochen.*

34. Übung (Trente-quatrième leçon)

Die Speisenkarte

10. Salate (salades) und 11. Käse (fromages)

la barbe de capucin *gebleichte Endivie*
la chicorée (frisée) *Endivie*
le concombre *die Gurke*
le cornichon *die Essiggurke*
le cresson *die Brunnenkresse*
l'endive *(w.) die Chicorée (auch als Gemüse)*
l'escarole *(w.) Winterendivie*
la laitue *der Kopfsalat*
la mâche *Nissel-, Feldsalat*
le pissenlit *der Löwenzahn*
la romaine *Sommerendivie*
la salade niçoise *S. nach Art von Nizza*
la salade russe *russ. Salat*
le saladier *Salatschüssel*
le brie *der Briekäse*

le camembert *Camembert*
le cantal ⎱
le roquefort ⎰ *französische Käsesorten*
le port-salut ⎰
le gruyère ⎱ *Schweizer Käse*
l'emmenthal *(m.)* ⎰
le parmesan *Parmesankäse*
le chester *Chesterkäse*
le gorgonzola *Gorgonzolakäse*
le hollande *Edamer Käse*
le fromage de chèvre *Ziegenkäse*
le petit-suisse *franz. Rahmkäse*
le gervais *franz. Sahnekäse*
le yaourt, le yoghourt *das Joghurt*

Die Tätigkeitswörter auf **-oir**

recevoir *erhalten, empfangen (Stamm* recev-, *Mittelwort d. V.* reçu = *erhalten).*

Gegenwart:
je reçois *ich erhalte*
tu reçois *du erhältst*

73

il reçoit *er erhält*
nous recev**ons** *wir erhalten*
vous recev**ez** *ihr erhaltet, Sie erhalten*
ils reçoiv**ent** *sie erhalten*

I m p e r f e k t : je recevais *ich erhielt usw.*

Z u k u n f t u n d B e d i n g u n g s f o r m : *Übliche Endungen*
an recevr- *anhängen!*
le reçu, la quittance, l'acquit *(m.) die Quittung*
la réception *der Empfang*
la radio *der Rundfunk(empfänger)*
le récepteur *der Hörer (beim Telefon)*

Avez-vous reçu ma lettre? — Oui, monsieur, je l'ai reçue.
— Est-ce que vous recevez des journaux étrangers? — Oui,
monsieur, nous avons des journaux anglais, italiens et bel-
ges. — Avez-vous reçu de bonnes nouvelles de votre famille?
— Malheureusement non, je n'en ai pas reçu depuis le mois
dernier. — Votre note est faite, monsieur, voici votre reçu.
— Cette radio est mauvaise, la réception est trop faible.

Ü b e r s e t z e : *Der Briefträger hatte zwei Briefe für Sie.*
Haben Sie sie erhalten? — Ja, der Kellner hat sie mir gestern
abend gegeben. — Man hat uns sehr gut empfangen. — Wer
hat euch empfangen?

Beuge wie „recevoir":
devoir *schulden, verdanken, sollen, müssen (Stamm dev-,*
Mittelwort d. Vergangenheit dû = *gesollt, geschuldet usw.)*
le devoir *die Pflicht*   la dette *die Schuld*

Garçon, vous devez vous tromper, vous m'avez rendu sur
cent francs et je vous avais donné un billet de 50 francs! —
Je dois desservir la table. — Un garçon ne doit jamais
répondre impoliment à un client. — Monsieur Dubout me
doit encore deux cents francs. — Avez-vous au moins *(wenig-*
stens) un reçu? — Heureusement oui.

35. Übung (Trente-cinquième leçon)
D i e S p e i s e n k a r t e . 12. S ü ß s p e i s e n
(E n t r e m e t s) u n d N a c h t i s c h (D e s s e r t)

l'entremets (sucré) *(m.)*   la charlotte (de pommes)
Mehl-, Süßspeise   *Apfelbrottorte*

la crème à la vanille *Vanille-krem*

la crème renversée ⎫
le pouding ⎬ *Pudding*

la crêpe *Pfannkuchen*

le gâteau de riz *Reispudding*

la galette *Fladen*

la mousse *Schaumkrem*

l'omelette aux confitures *der mit Marmelade gefüllte Eierkuchen*

le soufflé *Auflauf*

la glace *Gefrorenes, Speiseeis*

la glace panachée *gemischtes Eis*

la bombe glacée *große Eis-bombe*

le parfait *Art Eisbombe*

la pêche Melba *Pfirsich m. Eis und Schlagsahne*

la tranche napolitaine *ver-schiedenfarbige Eisschnitte*

la crème Chantilly ⎫
la crème fouettée ⎬ *Schlag-sahne*

la pâtisserie *Backwerk, Kon-ditorei*

le baba *kleiner, mit Rum ge-tränkter Rosinenkuchen*

le savarin *wie oben, aber groß*

le biscuit (à la cuiller) *Löffel-biskuit*

l'éclair *m. Liebesknochen*

le gâteau *Kuchen*

la gaufre *große (warme) Waffel*

la gaufrette *kleine Waffel*

le chou à la crème *mit Krem gefüllte Törtchen*

le macaron *Makrone*

la meringue *Meringe, Baiser (Schaumgebäck)*

le millefeuille *mit Krem ge-füllter Blätterteig, „Vanilleschnitte"*

le moka *Kaffeekremtorte*

le petit four *sehr feines Törtchen*

le petit-beurre *Keks*

la tarte (aux fruits) *Obst-kuchen*

la tartelette *Obsttörtchen*

le fruit *die Frucht*

les fruits *Obst*

l'abricot *(m.) Aprikose*

l'amande *(w.) Mandel*

l'ananas *(m.) Ananas*

la banane *Banane*

la cerise *Kirsche*

le citron *Zitrone*

la datte *Dattel*

la figue *Feige*

la fraise *Erdbeere*

la fraise des bois *Walderd-beere*

la framboise *Himbeere*

le grape-fruit ⎫
le pamplemousse ⎬ *Pampel-muse*

la groseille *Johannisbeere*

la groseille à maquereau *Stachelbeere*

la mandarine *Mandarine*

l'orange *(w.) Apfelsine*

le melon *Melone (auch als hors-d'œuvre serviert)*

la mirabelle *Mirabelle*

la noix *Walnuß*

la noisette *Haselnuß*

la pêche *Pfirsich*

la poire *Birne*

la pomme *Apfel*

la prune *Pflaume*

le pruneau *gedörrte Pflaume*

le raisin *Weintraube* (raisin blanc, raisin noir)
la reine-claude *Reneklode*
le muscat *Muskatellertraube*
le raisin sec *Rosine*
le casse-noix *Nußknacker*
la compote *Kompott*
la gelée *Gelee*
la salade de fruits / fruits rafraîchis *gekühlter Obstsalat*

Das zurückbezügliche Tätigkeitswort

1. Je **me** dépêche de dîner. *Ich beeile mich, zu speisen.*
2. Monsieur Dubois **se** rend à Paris. *Herr D. begibt sich nach Paris.*
3. Dépêchez-**vous!** *Beeilen Sie sich!*
4. Vous **vous êtes** trompé. *Sie haben sich geirrt.*

Bei den zurückbezüglichen Tätigkeitswörtern bezieht sich die Handlung immer auf den Satzgegenstand zurück. Die zusammengesetzten Zeiten werden stets mit dem Hilfszeitwort „être" gebildet. Einige Tätigkeitswörter sind im Französischen zurückbezüglich, im Deutschen dagegen nicht (heißen, aufstehen, spazierengehen)

s'adresser à *sich wenden an*
s'appeler *heißen*
se coucher *sich niederlegen*
se dépêcher *sich beeilen*
se lever *aufstehen (sich erheben)*
se moquer de *sich lustig machen über*
se promener *spazierengehen*
se rendre *sich begeben*
se rendre compte de *sich klar werden*
se tromper *sich irren*
se fâcher *sich ärgern, ärgerlich werden*

Dépêche-toi de mettre le couvert! — Notre garçon s'appelle Jean. — Ne vous êtes-vous pas trompée, madame? — Comment s'appelle ce plat? — Hier soir je me suis couché très tard et ce matin je me suis levé de bonne heure. — Nous allons nous promener. — Vous êtes-vous rendu compte que vous vous êtes trompé dans votre addition? — Garçon, vous vous moquez de moi, vous m'avez demandé de m'adresser au patron et il est sorti!

III. Teil (Troisième partie)

36. Übung (Trente-sixième leçon)

Die Weinkarte (La carte des vins)

Le Bordeaux rouge *der rote Bordeauxwein*		Le Bordeaux blanc *der weiße Bordeauxwein*	
Médoc		Graves	
Saint-Estèphe	*die*	Barsac	*die*
Saint-Emilion	*wichtigsten*	Sauternes	*wichtigsten*
Saint-Julien	*Bordeaux-*	Margaux	*Bordeaux-*
Pauillac	*weine (rot)*	Cérons	*weine (weiß)*
Néac		Pessac	
Pessac			
Château-Lafite		Château-Yquem (Sauternes)	
Château-Latour *usw.*		Château-Haut-Brion *usw.*	

Die Bezeichnung „Château..." (château = *Schloß, hier: Weingut) findet sich nur bei feinen Bordeauxweinen.*

Le Bourgogne rouge *der rote Burgunderwein*		Le Bourgogne blanc *der weiße Burgunderwein*	
Chambertin	*die*	Chablis	*die*
Gevrey-Chambertin	*wichtig-*	Meursault	*wichtigsten*
Corton	*sten*	Montrachet	*Burgunder-*
Pommard	*Burgun-*	Pouilly	*weine (weiß)*
Romanée-Conti	*derweine*		
Nuits-Saint-Georges	*(rot)*		
Clos-Vougeot			

Weitere unregelmäßige Tätigkeits-wörter auf -ir

ouvrir öffnen *(Stamm* ouvr-, *Mittelwort d. V.* ouvert = ge-öffnet).

G e g e n w a r t :   j'ouvre *ich öffne*
tu ouvres *du öffnest*
il ouvre *er öffnet*
nous ouv**rons** *wir öffnen*
vous ouv**rez** *ihr öffnet, Sie öffnen*
ils ouvr**ent** *sie öffnen*

alle übrigen Zeiten wie üblich. Verwende ebenso:

couvrir *bedecken*
découvrir *entdecken*
rouvrir *wieder öffnen*

offrir *anbieten*
souffrir *leiden*

l'ouverture *(w.) die Öffnung,*
die Eröffnung
l'ouvreuse *(w.) die Platz-*
anweiserin

la réouverture *die Wieder-*
eröffnung
la fermeture *die Schließung,*
der Verschluß
l'offre *(w.) das Angebot*

Est-ce que votre restaurant est ouvert le lundi? — Non, monsieur, la maison ferme le lundi toute la journée. — Quel est votre jour de fermeture? — Nous n'en avons pas, madame. — L'Hôtel du Midi est fermé pour cause de *(wegen)* réparations; il sera rouvert le samedi 15 mai, à midi. J'ai découvert un petit restaurant italien avenue Georges-V. Il reste ouvert tous les jours jusqu'à minuit. — Je vous offre un repas à l'italienne. — Merci, c'est très aimable à vous, mais je souffre d'un froid et je dois rester chez moi. — Tant pis alors, ce sera pour une autre fois.

37. Übung (Trente-septième leçon)

W e i t e r e   u n r e g e l m ä ß i g e   T ä t i g k e i t s -
w ö r t e r   a u f   **-ir**

venir *kommen (Stamm* ven-, *Mittelwort d. V.* venu = *ge-kommen).*

G e g e n w a r t :

je viens *ich komme*
tu viens *du kommst*
il vient *er kommt*

nous ven**ons** *wir kommen*
vous ven**ez** *ihr kommt, Sie kommen*
ils vien**nent** *sie kommen*

I m p e r f e k t : je venais *ich kam usw.*

Z u k u n f t u n d B e d i n g u n g s f o r m : *Anhängen der be-*
kannten Endungen an „viendr-": je viendrai usw.

E b e n s o :

devenir *werden* | à l'avenir *in Zukunft*
revenir *zurückkommen* | le souvenir *das Andenken*
se souvenir de *sich an etwas* | la tenue *die Haltung, der*
  erinnern | *Anzug*
tenir *halten* | le contenu *der Inhalt*
contenir *enthalten* | la retenue *der Abzug (beim*
s'entretenir *sich unterhalten* | *Lohn)*
retenir *zurückbehalten,* | l'entretien *(m.) die Unter-*
  reservieren | *redung*
tiens! *da! ah! so?* | la contenance *das Fassungs-*
tenez! *da!* | *vermögen*

venir de *(mit Grundform eines Tätigkeitswortes) bedeutet*
soeben etwas getan haben: il vient de me dire *er hat mir*
soeben gesagt.

revenir *heißt zurückkommen in das Land (an den Ort), in*
dem man sich beim Sprechen noch befindet; retourner *be-*
deutet zurückkehren in ein Land (an einen Ort), in dem
man zur Zeit des Sprechens noch nicht ist.

Tiens, c'est toi, Jean? Je croyais *(glaubte)* que tu ne re-
viendrais jamais. — Je viens d'avoir un entretien avec le
directeur de l'Hôtel des Ambassadeurs. — Tenez, monsieur,
voici votre note! — Quelle est la contenance d'une bouteille
de bourgogne? — 75 centilitres, monsieur. — Jean, à l'avenir
vous viendrez une demi-heure plus tôt. — Te souviens-tu
de ce petit restaurant italien où je t'avais offert à dîner
l'autre jour? — Parfaitement. — Eh bien, je viens de télé-
phoner pour retenir une table pour ce soir. — Alors tu tiens
absolument à m'y emmener *(mitnehmen)?* — Quelle tenue
dois-je mettre? — Comment, Monsieur Daniel, vous allez
quitter Paris? — Oui, mes amis, mais j'y reviendrai l'année
prochaine. — Depuis quand êtes-vous à Paris, monsieur? —
Depuis le dix-sept juillet, madame. — Vous restez encore
longtemps? — Non, madame, je retournerai la semaine prochaine (jeudi prochain) en Allemagne (à Francfort).

Übersetze: *Ich habe soeben das Menu gewählt. — Diese Flasche enthält einen halben Liter. — Ich erinnerte mich nicht (daran), diese Zeitung bestellt zu haben. — Dem Besitzer liegt daran, seine Kunden gut zu bedienen. — Da, Ober, das ist für Sie! — Ich habe einige Andenken an (de) Paris gekauft. — Ah? Zeig sie mir doch!*

38. Übung (Trente-huitième leçon)

Die Weinkarte (Fortsetzung)
Weitere Weine

Rot	*Weiß*
Arbois rosé (Vin du Jura)	Arbois blanc (Vin du Jura)
Châteauneuf-du-Pape (Côtes-du-Rhône)	Sancerre ⎫ Coteaux de la Anjou ⎬ Loire) Vouvray ⎭
Saint-Nicolas-de-Bourgueil (Coteaux de la Loire)	
Fleurie ⎫ Moulin-à-Vent ⎬ Beaujolais Juliénas ⎭	Pinot Riesling ⎫ (Vins d'Alsace Traminer ⎬ elsässische Weine) Sylvaner ⎭

le sommelier *Weinkellner*

la barrique ⎫
la pièce ⎬ *das Weinfaß*
le fût ⎭

la cannelle ⎫ *der Faßhahn*
la cannette ⎭ *(Wechsel)*

le bouquet *die Blume des Weins*

déboucher *entkorken*

le tire-bouchon *der Korkenzieher*

décanter *dekantieren*

le dépôt *der Bodensatz*

déguster *versuchen (Wein)*

mettre le vin en ⎫ *den Wein*
  bouteilles ⎬ *auf Flaschen*
tirer le vin ⎭ *abziehen*

chambrer *warmstellen (Wein)*

frapper *kaltstellen, frappieren*

le champagne *der Champagner*

le rosé (d'Anjou) *Roséwein*

goût américain *äußerst herb*

brut *sehr herb (extra dry)*

sec *herb*

demi-sec *halbmild*

le mousseux *der (nicht aus der Champagne stammende) Schaumwein*

la coupe à ch. *die Champagnerschale*

la flûte *das (hohe) Sektglas*

acide *sauer*

trouble *trüb*

appellation contrôlée *Name (Benennung des Weines) ist kontrolliert*

le plateau *das Tablett*

verser *einschenken*

Weitere unregelmäßige Tätigkeitswörter auf -re

boire *trinken (bei warmen Getränken meist „prendre")* *(Stamm* buv-, *Mittelwort d. V.* bu = *getrunken)*

croire *glauben (Stamm* croy-, *Mittelwort d. V.* cru = *geglaubt)*

Gegenwart:

je bois *ich trinke*	je crois *ich glaube*
tu bois *du trinkst*	tu crois *du glaubst*
il boit *er trinkt*	il croit *er glaubt*
nous buvons *wir trinken*	nous croyons *wir glauben*
vous buvez *ihr trinkt, Sie t.*	vous croyez *ihr glaubt, Sie gl.*
ils boivent *sie trinken*	ils croient *sie glauben*

Imperfekt:

Übliche Endungen an buv- *bzw.* croy- *anhängen.*

Zukunft und Bedingungsform:

Übliche Endungen an die Grundform (Ausfall des „e"!)
boire **dans** un verre *aus einem Glas trinken*
le buveur *der Trinker;* l'ivrogne *(m.) der Betrunkene*
la buvette *Erfrischungsraum im Bahnhof.*

Qui a bu tout le vin? — C'est moi, j'avais soif. — Je ne suis pas (un) grand buveur. — Monsieur et madame Dubois ne boivent jamais de vin, ils sont antialcooliques *(Antialkoholiker).* — Il n'y a plus de vin, qu'allons-nous boire demain? — Je n'aurais jamais cru que nous avons déjà bu toute la bouteille. — Garçon, est-ce que le patron est au bureau? — Je ne crois pas, monsieur.

39. Übung (Trente-huitième leçon)

Unregelmäßige Tätigkeitswörter auf -re

dire *sagen (Stamm* dis-, *Mittelwort* dit = *gesagt)*

faire *machen, tun (Stamm* fais-, *Mittelwort* fait = *gemacht)*

Gegenwart:

je dis *ich sage*	je fais *ich mache*
tu dis *du sagst*	tu fais *du machst*
il dit *er sagt*	il fait *er macht*
nous disons *wir sagen*	nous faisons *(spr. fösō) wir machen*
vous **dites** *ihr sagt, Sie sagen*	vous **faites** *ihr macht, Sie machen*
ils disent *sie sagen*	ils **font** *sie machen*

I m p e r f e k t : je disais *usw.;* je faisais *usw. (spr. fösä)*

Z u k u n f t u n d B e d i n g u n g s f o r m :

je dirai *usw.;* je dirais *usw.;* je ferai *(spr. free);* je ferais *usw. (spr. frä)*

faire maigre *Fasttag halten*	ça fait? (ça fait combien?) *wieviel macht das?*
faire la cuisine *kochen, d. h. die Küchenarbeit verrichten (dagegen bouillir = sieden, kochen)*	c'est bien fait pour lui (elle usw.) *das geschieht ihm (ihr) recht*
faire une commande *bestellen*	ça ne fait rien *das macht nichts*
faire attention à *achtgeben auf*	vous avez bien fait *Sie haben recht daran getan*
faire la chambre *das Zimmer machen*	il **fait** beau (mauvais, chaud, froid) *es ist schön(es) (schlecht(es), warm(es), kalt(es) Wetter*
faire le lit *das Bett machen*	
faire la vaisselle *Geschirr spülen*	il fait du soleil *die Sonne scheint*
faire une course | *einen Gang,* faire une com- | *Besorgung* mission | *machen*	il fait du vent *es ist windig* il fait du brouillard *es ist neblig*

faire *mit Nennform eines Tätigkeitswortes bedeutet „lassen, veranlassen", z. B.* je fais bouillir de l'eau, *ich lasse Wasser kochen (dagegen* laisser = *zulassen)*

tout *(ohne Hauptwort) alles, ganz*	tout, toute *(mit folgendem Hauptwort in der Einzahl) jeder beliebige*

tout, toute | *mit Geschlechts-*
tous, toutes | *u. Hauptwort*
   bedeutet: ganz, alle
pas du tout *durchaus nicht*
rien du tout *gar nichts*
tout à fait *ganz und gar*
c'est bien tout? *genügt das?*
toujours *immer*
tout de suite *sofort*

tout le monde *jeder, jeder-*
   mann
tout à l'heure *vorhin, gleich*
à tout à l'heure! *bis nachher!*
chaque *jeder einzelne (Eigen-*
   schaftswort)
chacun, chacune *jeder ein-*
   zelne (alleinstehend)

Qu'auriez-vous fait à ma place? Il n'y avait plus rien à faire. — Vous avez bien fait de les renvoyer. — C'est bien fait pour eux. — Si j'étais riche comme vous, je ferais de longs voyages. — Quand fera-t-on (quand est-ce qu'on fera) mon lit et ma chambre? Tout de suite, monsieur! — Ce que tu fais, fais-le bien! — Tout est propre chez vous, ce qui fait plaisir à tout le monde. — Ferons-nous une petite promenade tout à l'heure pour prendre l'air? Je viens d'en faire une. — Cinquante-deux et neuf font soixante et un, et trente-huit font quatre-vingt-dix-neuf. — Qui fait la cuisine chez toi? — Avez-vous fait la vaisselle? — Je vais faire une commission pour le patron. — Quel temps fait-il? Il fait assez beau, mais il y a du vent. Ça ne fait rien! — Garçon, ça fait combien? Trois francs vingt le tout, monsieur. — Toute la salle est occupée *(besetzt)*. — Faites servir ces messieurs du huit, ils sont pressés. — Vous êtes tout blanc, Paul, est-ce que vous n'êtes pas bien? Mais pas du tout, monsieur. — Mettez chaque chose à sa place! Voilà, c'est fait. — Chacun de vous aura cinq francs de pourboire. Merci, monsieur, vous êtes tout à fait aimable. — Nous servons de la choucroute à toute heure. — Vous dites *(wie bitte?, wie beliebt?)*, monsieur? — Que faisiez-vous à Paris? Je ne faisais rien du tout.

40. Übung (Quarantième leçon)

W e i t e r e   G e t r ä n k e

l'apéritif *(m.) appetitanregen-*
   des, alkoholisches Getränk
   (vor dem Essen)

le porto *der Portwein*
le madère *Madeirawein*
le vermouth *der Wermutwein*

le Byrrh
le Pernod | Fabrikmarken
le Mandarin | von „apéritifs"
le Picon |
le sirop de citron *Zitronen-*
sirup
la grenadine *Granatapfel-*
sirup
la menthe verte *grüner*
Pfefferminzsirup od. -likör
le sirop de groseille *der Jo-*
hannisbeerensirup
le cassis *(sprich kassis) Sirup*
oder Likör aus schwarzen
Johannisbeeren
le zeste de citron *Stück Zi-*
tronenschale
à l'eau *mit Wasser*

le siphon |*Sodawasser in*
l'eau de Seltz| *der Flasche*

le jus de fruit *der Fruchtsaft*
le grog (américain) *Grog*
l'alcool *(m.) (spr. alkol) der*
Alkohol
le digestif *(von* digérer, ver-
dauen, la digestion, *die*
Verdauung), verdauung-
anregendes Getränk,
Schnaps, Likör

la liqueur *der Likör*
l'eau de vie *(w.) der Brannt-*
wein
le cognac | *der Kognak*
la fine |
l'armagnac *(m.) Armagnac*
(Weinbrand)
la bénédictine *der Benedik-*
tiner
le cherry-brandy *der Kirsch-*
likör
le Grand Marnier *frz. Likör*
l'anisette *(w.) der Anislikör*
le kummel *der Kümmellikör*
le rhum *(spr. rom) der Rum*
le kirsch *das Kirschwasser*
la quetsche *das Zwetschgen-*
wasser
le calvados *(sprich das „s")*
der Apfelschnaps
l'eau de Vichy |*Namen d. häu-*
l'eau de Vittel | *figsten franz.*
Perrier |*Mineralwässer*
la limonade *die Limonade*
la citronnade | *natürliche*
le citron pressé | *(Zitronen-*
l'orangeade | *Orangen-)*
| *Limonade*
le vin chaud *Glühwein*

Weitere unregelmäßige Tätigkeits-
wörter auf -re

connaître kennen *(Stamm* connaiss-, *Mittelwort* connu = *ge-*
kannt, bekannt)

lire *lesen (Stamm* lis-, *Mittelwort* lu = *gelesen)*
vivre *leben (Stamm* viv-, *Mittelwort* vécu = *gelebt)*
écrire *schreiben (Stamm* écriv-, *Mittelwort* écrit = *ge-*
schrieben)

G e g e n w a r t :

je connais	je lis	je vis	j'écris
tu connais	tu lis	tu vis	tu écris
il connaît	il lit	il vit	il écrit
nous connaissons	nous lisons	nous vivons	nous écrivons
vous connaissez	vous lisez	vous vivez	vous écrivez
ils connaissent	ils lisent	ils vivent	ils écrivent

I m p e r f e k t :

Übliche Endungen an connaiss-, lis-, viv-, écriv- *anhängen!*

Z u k u n f t u n d B e d i n g u n g s f o r m :

*Übliche Endungen an die Grundform anhängen, Ausfall
des „e"!*

la connaissance *die Kenntnis,*
   die Bekanntschaft
le connaisseur *der Kenner*
inconnu *unbekannt*

la vie *das Leben*
vivant *lebendig*
vif, vive *lebhaft*
l'écriture *die Schrift*

   Garçon, une bouteille de château-yquem, mais de 1949,
s'il vous plaît! — Tout de suite, monsieur! — Est-elle bien
frappée au moins? — Oh oui, monsieur, soyez tranquille! —
Je n'aime pas le bordeaux blanc tiède. — Ah, monsieur, vous
êtes connaisseur! Je dirai au sommelier de s'occuper spé-
cialement de vous. — Avez-vous vécu longtemps en Allemagne, madame? — Quels journaux lit-on ici? — Avez-vous
écrit les menus?

41. Übung (Quarante-et unième leçon)

D i e K ü c h e n g e r ä t e
(L e s u s t e n s i l e s d e c u i s i n e)

le bain-marie *das Wasserbad*
la broche *der Bratspieß*
embrocher *auf den B. stecken*
la casserole *die Schmor-*
   pfanne, Kasserolle
le chaudron *der Kessel*
la cocotte *der Schmortopf*
le couvercle *der Deckel*
la cuiller en bois *Kochlöffel*
l'écumoire *(w.) Schaumlöffel*

l'évier *(m.) der Ausguß*
le fourneau *der Herd*
le four *der Brat-, Backofen*
enfourner *in den B. schieben*
le frigidaire *Kühlschrank*
la glacière *Eisschrank*
le garde-manger *Speise-*
   schrank
le hachoir *Hackmesser*
le gril *der Rost*

la marmite en fer *der eiserne Kochtopf*
la marmite en terre *der irdene Kochtopf*
le moule *die Form*
démouler *aus d. Form stürzen*
le panier à salade *Salatkorb*
la passoire *Seiher, Sieb*
la planche à découper *Schneidebrett*
le plat *Schüssel, Platte, Gericht*

la poêle *(spr. poal) die Pfanne*
la poissonnière *Fischkessel*
la râpe *Reibeisen*
râper *reiben*
la saucière *Soßenschüssel*
le tamis *Sieb*
la turbotière *Steinbuttpfanne*
le feu *das Feuer*
feu doux *schwache Hitze*
feu vif *starke Hitze*
la braise *die Glut*

Weitere Tätigkeitswörter auf -oir

pouvoir *können (Stamm pouv-, Mittelwort pu = gekonnt)*

vouloir *wollen (Stamm voul-, Mittelwort voulu = gewollt)*

Gegenwart:

je peux (je puis) *ich kann*
tu peux *du kannst*
il peut *er kann*
nous pouvons *wir können*
vous pouvez *ihr könnt, Sie k.*
ils peuvent *sie können*

je veux *ich will*
tu veux *du willst*
il veut *er will*
nous voulons *wir wollen*
vous voulez *ihr wollt, Sie wollen*
ils veulent *sie wollen*

Imperfekt: *Übliche Endungen an den Stamm anhängen!*

Zukunft und Bedingungsform:
Übliche Endungen an pourr- *bzw.* voudr- *anhängen!*

le pouvoir *die Macht, Vollmacht*
possible *möglich*
impossible *unmöglich*

la volonté *der Wille*
volontiers *gern*
le volontaire *der Freiwillige*

Beachte:
je voudrais *usw. ich möchte gern*
j'aimerais mieux (je préférerais) *ich möchte lieber.*

Pouvez-vous me dire où sont les cuillers en bois? — Oui, madame, elles sont dans le tiroir *(Schublade)* du buffet de cuisine. — Tu ne pourras pas découper le rôti sur ce plat, prends donc la planche à découper! — Je voudrais bien devenir cuisinier aussi, mais mes parents ne veulent pas. — Voulez-vous me montrer ma chambre? — Volontiers, monsieur. La voilà! — Mettez ce brochet à cuire dans la poissonnière! — Démoulez ce gâteau! — Passez cette sauce au tamis! — Qui a embroché ce perdreau? C'est mal fait, il risque *(riskiert)* de tomber. — Il est temps d'enfourner les pâtés. — Donnez-moi l'écumoire, s.v.p.! — Ne laissez pas le frigidaire ouvert, Jean! — Nettoie cette poêle et donne-la-moi! — Il est impossible de manger ce potage, il est brûlé.

42. Übung (Quarante-deuxième leçon)

Tätigkeitswörter aus der Küchensprache

ajouter *hinzufügen*
arroser *begießen*
assaisonner *würzen*
battre (en neige) *(zu Schnee) schlagen*
blanchir *bleichen*
brider *zubinden (Geflügel)*
découper *zerschneiden, zerlegen, tranchieren*
dégraisser *das Fett abschöpfen*
délayer *einrühren, verrühren*
désosser *ausbeinen*
dessaler *entsalzen*
dresser *anrichten*
écumer *abschäumen*
enlever *wegnehmen, entfernen*
éplucher *putzen, schälen (Gemüse)*
étouffer *dämpfen*
fondre *schmelzen, zerlassen*
hacher *hacken*

lier *binden (Soßen, Suppen)*
mélanger *vermischen*
mijoter *bei gelindem Feuer dämpfen*
mouiller *anfeuchten*
réduire *einkochen (Soßen, Säfte)*
remuer *rühren*
revenir *abbräunen*
roussir *bei starkem Feuer bräunen (von roux, rousse rötlich)*
saisir *bei starkem Feuer anbraten*
saupoudrer *bestreuen*
saler *(ein)salzen*
poivrer *pfeffern*
tourner *drehen, wenden, auch sauer werden*
tremper *einweichen*
verser *gießen*
vider *leeren, ausnehmen (Geflügel)*

Voyez-vous cette bécasse? Eh bien, mon ami, videz-la, bardez-la et embrochez-la! — N'oubliez pas de l'arroser de jus de temps en temps! — Cette morue est dessalée, n'est-ce

pas? — Oui, chef. — Battez ces blancs d'œufs en neige! —
Je vous avais dit d'écumer le pot-au-feu, pourquoi ne l'avez-
vous pas fait? — Laissez réduire cette sauce avant de la
verser sur les filets de sole. Ensuite vous saupoudrerez le
tout de parmesan râpé. — Liez ce potage avec un œuf! —
Ce rôti est trop saisi, tournez-le tout de suite! — Avez-vous
fait tremper les haricots blancs? — Salez et poivrez ce râble
et arrosez-le de jus de citron! — Savez-vous faire un roux? —
Oui, monsieur, mais dans cette petite casserole je ne peux
pas le faire. — De notre chambre nous avons une belle vue
sur Montmartre. — Est-ce que Monsieur Labarre est sorti? —
Je ne saurais vous le dire, monsieur; en tout cas *(jedenfalls)*
je ne l'ai pas vu ce matin.

Weitere Tätigkeitswörter auf -oir

voir *sehen (Stamm* voy-, *Mittelwort* vu = *gesehen)*

savoir *wissen, erfahren, können* = *gelernt haben (Stamm* sav-, *Mittelwort* su = *gewußt, erfahren)*

Gegenwart:

je vois *ich sehe*
tu vois *du siehst*
il voit *er sieht*
nous voyons *wir sehen*
vous voyez *ihr seht, Sie sehen*
ils voient *sie sehen*

je sais *(spr. see) ich weiß*
tu sais *du weißt*
il sait *er weiß*
nous savons *wir wissen*
vous savez *ihr wißt, Sie wissen*
ils savent *sie wissen*

Imperfekt:

Anhängen der üblichen Endungen an den Stamm!

Zukunft und Bedingungsform:

Anhängen der üblichen Endungen an verr- *bzw.* saur- *(vgl.* j'aurai*).*

la vue *die Ansicht*
l'entrevue *(w.) die Zusammenkunft*
la télévision *das Fernsehen*
le téléviseur
l'appareil de télévision *(m.)* | *der Fernsehapparat*

revoir *(wie* voir*) wiedersehen*
je sais faire la cuisine *ich kann kochen (habe es gelernt)*
je ne saurais vous dire *ich könnte Ihnen nicht sagen . .*

43. Übung (Quarante-troisième leçon)

Weitere Küchenausdrücke

les épices *(w.) die Gewürze*
l'ail *(m.) (spr. aj) Knoblauch*
la cannelle *Zimt*
les câpres *(w.) Kapern*
le clou de girofle *Nelke*
l'échalote *(w.) Schalotte*
le fenouil *Fenchel*
la noix de muscade *Muskat-nuß*
le paprika *Paprika*
le safran *Safran*
les fines herbes *(w.) die Kü-chenkräuter*
le bouquet garni *mehrere Kräuter zusammenge-bunden*
le cerfeuil *Kerbel*
la ciboulette *Schnittlauch*
l'estragon *(m.) Estragon*
la feuille de laurier *Lorbeer-blatt*
le persil *Petersilie*
le thym *Thymian*
la pistache *Pistazie*
le blanc d'œuf *das Eiweiß*
le jaune d'œuf *das Eigelb*
la chapelure *Semmelbrösel, Paniermehl*

la recette (de cuisine) *Rezept*
la couche *die Schicht*
la couenne *(spr. kwann) Schwarte*
la cuisson *Kochen, Backen, Kochzeit*
la farce *das Füllsel*
farci *gefüllt (Geflügel, Tomaten usw.)*
le jus *der Saft*
le lard *der Speck*
le mets *die Speise, das Ge-richt*
la pincée *die Prise*
le roux *Mehlschwitze, Ein-brenne*
le saindoux *das Schweinefett*
la graisse *das Fett*
la farine *das Mehl*
le marmiton *der Küchenjunge*
le saucier *der Soßenkoch*
la garniture *die Beilage*
le changement de garniture *Beilagenänderung*
la cuillerée *der Löffelvoll*
coloré *braun, angebraten*
doré *goldbraun, gebraten, gebacken*

Einige unregelmäßige Tätigkeits-wörter (wichtigste Formen)

bouillir *kochen*
il bout *es kocht*
bouilli *gekocht*
bouillant *kochend*

conduire *führen*
je conduis *ich führe*
conduit *geführt*

Ebenso:
construire *bauen*
cuire *kochen, backen*

courir *laufen*
je cours *ich laufe*
j'ai couru *ich b i n
gelaufen*
courant *laufend*
je courrai *ich werde
laufen*

éteindre *löschen*
j'éteins *ich lösche*
nous éteignons *wir
löschen*
éteint *gelöscht*

Ebenso:
joindre *verbinden
(beifügen)*

valoir *gelten, wert
sein*
il vaut *es ist wert*
ils valent *sie sind
wert, gelten*
valu *gegolten*
vaudra *wird gelten*
il (ça) vaut mieux
es (das) ist besser
ça vaut la peine
*das ist der Mühe
wert*

suffire *genügen*
cela suffit *das ge-
nügt*
suffisant *genügend*

mourir *sterben*
il meurt *er stirbt*
mort *gestorben, tot*
mourant *sterbend*
il mourra *er wird
sterben*

suivre *folgen*
je suis *ich folge*
nous suivons *wir
folgen*
suivant *folgend*
suivi *gefolgt*

pleuvoir *regnen*
il pleut *es regnet*
plu *geregnet*
il pleuvra *es wird
regnen*

falloir *nötig sein*
il faut *es ist nötig*
il fallait *es war
nötig*
il a fallu *es ist nö-
tig gewesen*

il faudra *es wird
nötig sein
(vgl. 44. Übung!)*

rire *lachen*
je ris *ich lache*
ri *gelacht*
Ebenso:
sourire *lächeln*

se taire *schweigen*
je me tais *ich
schweige*
tais-toi! *schweig!*
taisez-vous!
Schweigen Sie!
je me suis tu *ich
habe geschwiegen*

s'asseoir *sich setzen*
je m'assieds) *ich*
je m'assois) *setze
mich*
assieds-toi! *setz
dich!*
asseyez-vous! *Set-
zen Sie sich!*
assis *sitzend*
je me suis assis *ich
habe mich gesetzt*
je suis assis *ich sitze*

---

44. Übung (Quarante-quatrième leçon)

Die Möglichkeitsform (Konjunktiv)

*Nach gewissen Tätigkeitswörtern (désirer, vouloir) und
Ausdrücken (il faut que .... pour que = damit), die einen
Wunsch, einen Befehl oder eine Möglichkeit einschließen,
steht im Französischen eine besondere Form des Tätigkeitswortes, der Konjunktiv.*

Man erhält den Konjunktiv, wenn man an den Stamm des Tätigkeitswortes die Endungen -e, -es, -e, -ions, -iez, -ent anhängt. Die Hilfszeitwörter „avoir" und „être" sowie gewisse unregelmäßige Tätigkeitswörter haben eigene Formen. Nachstehend die wichtigsten:

être
je sois *ich sei*
tu sois *du seist*
il soit *er sei*
nous soyons *wir seien*
vous soyez *Sie seien*
ils soient *sie seien*

avoir	**donner**	**finir**
j'aie	je donne	je finisse
tu aies	tu donnes	tu finisses
il ait	il donne	il finisse
nous ayons	nous donnions	nous finissions
vous ayez	vous donniez	vous finissiez
ils aient	ils donnent	ils finissent

aller	**prendre**	**venir**
j'aille	je prenne	je vienne
tu ailles	tu prennes	tu viennes
il aille	il prenne	il vienne
nous allions	nous prenions	nous venions
vous alliez	vous preniez	vous veniez
ils aillent	ils prennent	ils viennent

pouvoir	**vouloir**	**voir**
je puisse	je veuille	je voie
tu puisses	nous voulions	nous voyions

faire	**dire**	**boire**
je fasse	je dise *usw.*	je boive
tu fasses *usw.*		nous buvions

bien que quoique	*obgleich*	
afin que pour que	*damit*	*müssen im Französischen mit dem Konjunktiv verbunden werden*
sans que	*ohne daß*	

Il faut que je sois à 3 heures à la Gare du Nord. — Je veux que tu finisses ton travail. — Ce vin est tiède bien que j'aie rafraîchi la bouteille. — Mets le moule une seconde dans l'eau froide pour que je puisse mieux démouler le pâté. — Il est possible que le patron revienne ce soir. — Que voulez-vous que je fasse? — Que veux-tu que je te dise? — Que tu le veuilles ou non, il faut y aller.

Ein Küchenrezept: Le bœuf à la mode

Prenez un beau morceau de culotte et piquez-le de gros lards dans le sens de la viande; mettez votre morceau dans la casserole, soit avec un morceau de beurre, soit avec de la bonne graisse de rôti ou de volaille et chauffez pour qu'il prenne couleur. Quand votre viande est assez colorée, mettez trois verres d'eau, un verre de vin blanc et une cuillerée d'eau-de-vie; salez et poivrez, ajoutez un morceau de couenne de lard, un petit morceau de pied de veau, un bouquet de persil, thym et laurier, un clou de girofle, quelques carottes coupées en rondelles et une dizaine d'oignons.

Laissez cuire à feu doux pendant cinq heures: dégraissez, enlevez le bouquet et servez. Pendant la cuisson, tenez toujours votre casserole couverte: votre bœuf à la mode sera meilleur.

soit... soit *entweder... oder*
le sens *die Richtung, der Sinn*
à côté de *neben*

la rondelle *(runde) Scheibe*
à point *gerade recht (gekocht, gebraten)*

45. Übung (Quarante-cinquième leçon)

Weitere Küchenausdrücke: Soßen (Sauces)

Sauce béarnaise *Soße mit Butter, Eigelb und Zitrone*
S. béchamel *weiße Rahmsoße*
S. à la crème *Rahmsoße*
S. aux câpres *Kapernsoße*
S. au curry *Currysoße*

S. chaudeau *warme Weinsoße*
S. financière *feine Hühnersoße (zur Füllung von Pasteten)*
S. hollandaise *holländische Soße (Eigelb, Butter, Essig)*

S. lyonnaise *Zwiebeln mit Weißwein gebräunt, Tomaten und Champignons*
S. madère *Madeiraweinsoße*
S. maître d'hôtel *mit Butter, Petersilie und Zitronensaft*
S. mayonnaise *mit Eigelb, Öl, Salz, Pfeffer und Essig*
S. mousseline *Schaumsoße*
Sauce Périgueux *(französische Stadt) mit Trüffeln, Champignons, Kräutern*
S. piquante *mit Butter, Mehl, fetter Bouillon und Essig*
S. poivrade *Pfeffersoße*
S. poulette *Eier-Butter-Soße*

S. ravigote *mit gehacktem Eigelb, Essig, Öl, Petersilie, Salz und Pfeffer, etwas Knoblauch*
S. rémoulade *wie S. ravigote, aber mit Senf*
S. Robert *(warm) Butter, Zwiebeln, Bouillon, Essig und Senf*
S. tartare *(kalt) ähnlich der mayonnaise, aber mit Senf*
S. tomate *Tomatensoße*
S. vinaigrette *ähnlich der sauce ravigote, aber ohne Eigelb*
S. au vin blanc *Weißweinsoße*

Ein Küchenrezept: La sauce béarnaise

Mettre dans une casserole trois jaunes d'œufs et un bon morceau de beurre; placer la casserole dans l'eau bouillante, de façon (so) qu'elle n'y trempe qu'aux trois quarts. Remuer le beurre et les jaunes d'œufs jusqu'à ce que la sauce devienne épaisse, puis ajouter autant de jus qu'il y a de sauce. A défaut (in Ermangelung) de jus, mettre un peu de bouillon et, avant de servir, ajouter la moitié d'un jus de citron. Il faut faire surtout attention que la sauce ne bouille pas parce qu'elle tournerait.

Übung: Gebrauche im Rezept der 44. Übung die Befehlsform der Einzahl („prends un beau morceau ...").

Konversation: Comment fait-on le bœuf à la mode? — Que faut-il avoir pour faire une sauce béarnaise (hollandaise, lyonnaise, piquante, ravigote)?

Übersetze: 1. Soße Robert. Man legt in eine Kasserolle ein Stück Butter (so) groß wie zwei Nüsse und fügt, wenn sie heiß ist, zwei gehackte Zwiebeln hinzu. Wenn die letzteren (letzten) gelb sind, bestreut man sie mit (de) einem Löffel voll Mehl, man rührt einen Augenblick und fügt ein

Glas Bouillon, Salz und Pfeffer hinzu. Dann läßt man eine Viertelstunde oder zwanzig Minuten kochen. Vor dem Servieren (avant de servir) *fügt man noch einen Löffel voll Senf und ein wenig Essig hinzu.*

2. Huhn in der Kasserolle. Wenn Ihr Huhn gut hergerichtet und zugebunden ist, legen Sie in die Kasserolle ein Stück Butter oder Fett (so) groß wie ein Ei und lassen es zergehen; wenn die Butter heiß ist, legen Sie Ihr Huhn dazu, damit es Farbe (an)nimmt; wenn es gebräunt ist, salzen und pfeffern Sie und decken Sie zu. Lassen Sie dann bei milder Hitze eineinviertel Stunden kochen. Drehen Sie das Huhn von Zeit zu Zeit. Um zu servieren, richten Sie das Huhn auf einer Platte her und gießen Sie den Saft darauf (dessus), *nachdem Sie das Fett abgeschöpft haben* (après l'avoir dégraissé).

46. Übung (Quarante-sixième leçon)

Un repas à prix fixe

Maison Souville

2, rue de l'Oratoire

Déjeuners et Dîners à 45 Frs

donnant droit à

1 Potage ou hors-d'œuvre

1 plat de viande au choix

1 légume

1 fromage ou dessert

1 quart de vin

pain à discrétion

fixe *feststehend*	l'établissement (m.) *das*
donner droit à *berechtigen zu*	*Lokal*
gratuit *gratis*	le choix *die Wahl*
bourgeois *bürgerlich*	le supplément *der Zuschlag*
la bourse *die Geldbörse*	le plat du jour *das Gericht*
modeste *bescheiden*	*des Tages*

végétarien *vegetarisch*
compris (dans le prix) *(im*
   Preis) inbegriffen
abordable *erschwinglich*

de premier ordre *ersten*
   Ranges
de luxe *Luxus-*
indiquer *angeben (Adresse)*

J'ai bien faim! Moi aussi, entrons dans ce restaurant. Je trouve ce prix abordable pour un déjeuner. Oui, mon cher, c'est pour les bourses modestes. La maison Souville n'est pas un établissement de premier ordre, mais elle a une bonne cuisine bourgeoise. Nous ne pouvons pas nous payer un repas de luxe tous les jours! Entrons!

Bonjour, messieurs! Voici le menu à 45 francs. Pouvons-nous avoir des huîtres pour commencer? Mais oui, monsieur, mais ce sera un supplément de 10 francs par personne. Qu'est-ce que vous voulez boire, messieurs, du vin rouge ou du blanc? Du rouge, s.v.p. Ensuite vous nous apporterez deux bœuf bourguignon. Il est très bon aujourd'hui, c'est le plat du jour. Et comme légumes? Des haricots verts pour moi. Pour moi, un chou-fleur. Très bien, monsieur.

Que préférez-vous, un fromage ou un dessert, messieurs? Je n'aime pas le fromage, ce sera un millefeuille pour moi. Et vous, monsieur? Un camembert, s'il est bien fait. — Que veut dire „pain à discrétion"? Cela veut dire que le pain ne se paye pas, il est gratuit. Vous pouvez en manger autant *(soviel)* que vous voulez, il est compris dans le prix du repas.

Garçon, l'addition, s'il vous plaît? Voilà, messieurs. Vous avez donc eu deux menus à 45 francs, cela fait 90 francs et deux fois 10 francs de supplément pour les huîtres, ça fait 110 francs. Et vous nous donnerez deux cafés. Alors 110 et deux fois 3 francs, 116 francs en tout. Pourboire compris? Non, monsieur. Voici 200 francs, rendez-moi sur 130. Merci, monsieur. Je vous apporte le café tout de suite.

Pouvez-vous m'indiquer un restaurant végétarien, monsieur? J'en connais un, rue de la Gare, à dix minutes d'ici. Mais vous n'y trouverez pas d'alcool non plus. Cela ne fait rien, je n'y tiens pas, je bois de l'eau à tous les repas. Ont-ils une spécialité dans ce restaurant? Oui, les plats farcis: chou, champignons, aubergines et tomates farcis. Naturellement, la farce est maigre, elle ne contient pas de viande.

47. Übung (Quarante-septième leçon)

Un dîner à la carte

122, Rue Caulaincourt
PARIS (18ᵉ)

Téléphone : MON. 29-23
  —   ORN. 71-84
AUTOBUS 80

Spécialités

Mardi : **PAËLLA**

Mercredi et Samedi :
COUSCOUS garni

MENU A LA CARTE

Potage crème de légumes (le soir seulement) 4.50

Fruits de mer
Saumon fumé, beurre et toasts 28.00
Notre assiette scandinave (spécialité) 43.00

Hors d'œuvre
Jambon fumé de Westphalie (beurre et cornichons) . . 14.00
Salade niçoise 14.00
Foie gras de canard truffé 33.00

Saucisson à l'ail 6.00		Œuf mayonnaise 6.00	
Fonds d'artichauts		Pâté du chef . 12.00	
vinaigrette 11.00		Sardines à l'huile 6.00	
Filets d'anchois à l'huile . 6.00		Thon mayon-	
Assiette de crudités . . 12.00		naise 10.00	
Jambon blanc de Paris . 11.00		Rillettes de porc . 6.00	
Assiette de charcuterie . 17.00		Salade de tomates 6.00	

Poissons
Raie au beurre noir, pommes vapeur 24.00
Cuisses de grenouilles à la provençale 25.00
Filets de daurade panés citron 25.00
Très belle truite meunière 30.00
Très belle sole meunière 30.00
Coquille Saint-Jacques à la provençale 22.00

Le couvert et le pain compris!

Entrées

Cervelle d'agneau meunière sur canapé 15.50
Tête de veau sauce ravigote 16.50

Plats du jour

Paëlla valenciana (spécialité de riz à l'espagnole) . . 40.00

Viandes — grillades — volailles

Châteaubriand vert-pré 32.00
Tournedos Rossini 36.00
Escalope de veau panée aux pâtes 30.00
Escalope de veau normande 31.00
Steak au poivre (sauce au porto) 35.00
Rognons de veau cocotte 37.00
Quart de poulet rôti froid mayonnaise 24.00
Quart de poulet rôti aux pommes Pont-Neuf . . . 24.00
Côtes d'agneau grillées aux pommes Pont-Neuf . . 29.00
Gigot d'agneau rôti froid mayonnaise 28.00
Côte de porc poëlée aux pommes Pont-Neuf . . . 24.00
Rognons d'agneau brochette aux pommes 32.00

Légumes

Petits pois ou haricots verts sautés au beurre . . . 7.50
Pâtes au beurre 6.00
Pâtes au fromage 7.50
Champignons à la provençale 12.00
Pommes frites 6.00
Œufs au plat ou omelette nature ou fines herbes . . 8.50
— aux champignons, au jambon 9.50
Salade de laitue ou de chicorée 4.00
— avec petits croûtons aillés 6.50
Plateau de fromages assortis 10.00

Desserts

Fraises au sucre	12.00	Labrador, pâtisserie glacée	10.00
— à la crème	15.00	Soufflé au Grand Marnier	
Pâtisserie . . .	10.00	(spécialité)	17.50
Glace à l'ananas	9.00	Coupe de fruits au kirsch	
Parfait glace . .	8.00	ou à la crème	10.00
Ananas au kirsch	6.50	Crème caramel	7.00

(mon) chéri *m.* ⎫
(ma) chérie *w.* ⎬ *Liebling*

se défendre *(familiär) sich durchschlagen* (défendre = *verteidigen, verbieten*)

cordon bleu *m. hervorragende Köchin*

vestiaire *m. Kleiderablage*

adorer *etwas sehr gern essen oder trinken*

fameux *berühmt, famos, ausgezeichnet*

entre les deux *(familiär) weder zu wenig noch zu sehr gebraten*

Veux-tu que nous dînions dans un petit restaurant de Montmartre, dont je connais le patron? — Oui, mon chéri, cela nous permettra de faire ensuite un tour dans les boîtes de nuit, si tu veux bien.

Bonsoir, monsieur et madame! Ah, mais c'est Monsieur Langin, comment allez-vous? — Très bien, et vous-même? — Merci, on se défend. — Chérie, je te présente Monsieur Francis, dont la femme est le plus fameux cordon bleu de Montmartre. — Cette table dans le coin, madame? Vous y serez bien. Donnez-moi vos manteaux, je vais les mettre au vestiaire. Voici la carte.

Aimerais-tu commencer par des crudités? Tu les adores, n'est-ce pas? — C'est vrai. Et toi? — Pour moi, ce sera un pâté du chef. — Qu'est-ce que vous désirez boire, monsieur et madame? Je vous mets une carafe de mon rosé? Vous le connaissez, Monsieur Langin, il est fameux.

Est-il bon au moins, ton pâté du chef? — Excellent, et les crudités? — Délicieuses. Qu'allons nous prendre comme plat de viande? — Que dirais-tu d'un chateaubriand vert pré? — D'accord, mais n'oublie pas de dire au patron que le tien doit être saignant et le mien entre les deux. — Nous finirons par le plateau de fromages assortis et un verre de calvados.

Übung: Stelle nach obigem Menü die Rechnung zusammen! Berechne dabei 2 Karaffen Roséwein zu je 28 frs, 2 Glas Calvados zu je 6 frs.

48. Übung (Quarante-huitième leçon)

A u s k ü n f t e (R e n s e i g n e m e n t s)

la communication *das Telefongespräch*

l'annuaire *(m.)* (téléphonique) *das Telefonbuch*

l'appareil *(m.) der Apparat*

la cabine téléphonique *die Telefonzelle*

allô *hallo!, wer da?*

au bout du fil *am anderen Ende der Leitung*	le pont *die Brücke*
couper *trennen*	le plan *der Plan*
sonner *läuten*	passer *hinüber-, vorbeigehen*
la place, le square *der Platz*	traverser *überschreiten*
la rue *die Straße*	tout droit *immer gerade aus*
l'avenue *(w.)*, le boulevard *breite (bepflanzte) Straße*	l'hôtel de ville *das Rathaus*
	retourner sur ses pas *ein Stück Wegs zurückgehen*

Le téléphone sonne. Allô? Qui est à l'appareil? — C'est Monsieur Mangin. Pourrais-je parler à Monsieur Lebrun? — Je vais voir s'il est là, ne quittez pas, monsieur! — Monsieur Lebrun! On vous demande au téléphone! — De la part de qui *(von wem, zu ergänzen: werde ich verlangt)?* — De la part de monsieur Mangin. — Ah bon, dites-lui d'attendre un peu, je viens tout de suite. — Allô, allô! Monsieur Mangin? Voulez-vous attendre un instant, Monsieur Lebrun va vous parler tout de suite. — Allô, mademoiselle, ne coupez pas, on parle! Monsieur Mangin? Je vous passe (= *ich verbinde Sie mit*) monsieur Lebrun.

Pardon, monsieur, pourriez-vous m'indiquer le chemin le plus court pour aller à la Gare du Nord? — C'est très facile, monsieur: Allez tout droit jusqu'à la grande place que vous voyez là-bas, puis tournez à gauche et vous y êtes. — Merci, monsieur. — De rien, monsieur.

Garçon, l'Hôtel de ville, s. v. p.! — Descendez la rue des Halles jusqu'à la rue de Rivoli, vous le verrez de loin.

La rue des Ecoles, s. v. p.! — Traversez le pont et suivez le boulevard Saint-Michel, c'est la première rue à gauche après le boulevard Saint-Germain.

Garçon, je voudrais aller à Montmartre. Quel autobus faut-il prendre? — Vous pouvez prendre l'AM, il vous mettra à la place Pigalle. Mais si vous voulez aller au Sacré-Cœur *(Kirche)*, il vaut mieux prendre le métro, descendre à la station Lamarck-Caulaincourt et retourner sur vos pas. Vous gagnerez du temps.

le cinéma *das Kino*	le music-hall *das Variété*
le théâtre *das Theater*	la boîte de nuit *(familiär) das Nachtlokal*
le cabaret artistique *das Kabarett*	l'opéra *(m.) die Oper*

l'église *(w.) die Kirche*
le jardin *der Garten*
le monument *das Monument,*
   die Sehenswürdigkeit
le musée *das Museum*
le magasin *der Laden*

le grand magasin *das Kauf-*
   haus
l'école *(w.) die Schule*
l'hôpital *(m.) das Kranken-*
   haus

Übung: An der Hand eines Stadtplanes sollen einem Frem-
den Auskünfte über Wege, Sehenswürdigkeiten usw. ge-
geben werden!

49. Übung (Quarante-neuvième leçon)

W e i t e r e r   w i c h t i g e r   W o r t s c h a t z

l'auberge *(w.) der Gasthof*
la brasserie *die Brauerei, das*
   Bierrestaurant
le bar *die Bar, Trinkstube*
le comptoir *die Theke, der*
   Ladentisch (familiär: le
   zinc)
le grill-room, la rôtisserie
   feine Restaurants mit ge-
   bratenen Spezialitäten
le marchand de vins, le débit
   de vins *einfacher Weinaus-*
   schank
le débit de tabac *Tabak-*
   verkauf
la taverne *Weinrestaurant*
le salon de thé *die Teestube*
le café arrosé *Kaffee mit*
   Schnaps
le café filtre *Filterkaffee (in*
   der Tasse)
le percolateur *der große*
   Kaffeefilterapparat
consommer *verzehren*
la consommation *Zeche*
le sandwich *das belegte Brot*
chauffer *heizen*

le chauffage central *die Zen-*
   tralheizung
inscrire *einschreiben*
le rez-de-chaussée *Erd-*
   geschoß
la caisse enregistreuse *Regi-*
   strierkasse
remplacer *ersetzen, vertreten*
le boucher *der Metzger*
le boulanger *der Bäcker*
l'épicier *(m.) der Lebens-*
   mittelhändler
le laitier *der Milchhändler*
le charcutier *der Schweine-*
   metzger
le coiffeur *der Friseur*
la banquette *die Bank im*
   Restaurant
la banque *die Bank: Geld-*
   institut
la fiche *Zettel, den man aus-*
   füllt
le garage *die Garage*
le hall *die Hotelhalle*
le registre *das Fremdenbuch*
le salon de lecture *Lese-*
   zimmer

le salon de correspondance *Schreibzimmer*
le soulier *der Halbschuh*
le vêtement *das Kleidungs-stück*
la terrasse *Terrasse (vor dem Café)*

le guéridon *das Tischlein*
la tournée *die Runde*
le tour *die Reihe, die Tour*
la tour *der Turm* (la tour Eiffel)

Venez prendre un verre au comptoir! Avec plaisir, ce bar est très gentil. — Nous pourrions aussi nous asseoir à la terrasse, les banquettes sont confortables, ne trouvez-vous pas? — Je ne connais pas ce garçon, ce doit être un extra. — Non, je crois que c'est le plongeur qui remplace le garçon. — C'est mon tour *(ich bin an der Reihe)* de payer les consommations, c'est vous qui avez réglé la dernière tournée.

Paul, allez chercher dix biftecks chez le boucher du coin! — Le boulanger a-t-il livré les croissants? — Non, madame, il faut aller les chercher. — Il faut que Jean aille chez l'épicier, nous n'avons plus d'huile. — Y a-t-il un coiffeur dans l'hôtel? Non, monsieur, il faut que vous alliez jusqu'au square Montholon.

Je voudrais avoir une chambre. — Donnez-vous la peine *(Mühe)* de monter, monsieur! — A quels prix sont vos chambres? Nous avons des chambres à partir de 95 francs jusqu'à 125 francs. — Service compris? — Service non compris. — C'est cher! — Mais non, monsieur, regardez donc! Cette chambre est grande, haute et claire. Vous avez de beaux fauteuils, l'ascenseur, le chauffage central, enfin tout le confort moderne. Elle donne sur le jardin, c'est très agréable. — Je la prends. — Voudriez-vous remplir cette fiche, monsieur. — Faites monter mes bagages, s.v.p.! Avez-vous un salon de correspondance? — Mais oui, monsieur, au rez-de-chaussée à côté du hall. Vous y trouverez tout ce qu'il faut pour écrire.

50. Übung (Cinquantième leçon)

F r e m d w ö r t e r

Bei der Verwendung von Fremdwörtern, die offensichtlich aus dem Französischen stammen, ist Vorsicht geboten, da

sie in der französischen Sprache nicht immer dasselbe be-
deuten wie in der deutschen und oft überhaupt nicht mehr
existieren. Beachte besonders:

Übersetze „*Café Melange*" *mit:* café crème (café au lait);
       „   „*Chambre séparée*" *mit:* cabinet particulier;
       „   „*Delikatesse*" *mit:* plat fin, délice *(m)*;
       „   „*Delikatessenhändler*" *mit:* marchand de comes-
tibles;
       „   „*Friseur*" *mit:* coiffeur;
       „   „*Gourmand*" *im Sinne von Feinschmecker mit:*
gourmet *oder* gastronome, *weil* „le gourmand"
der „*Schlemmer, der starke Esser*" *bedeutet;*
       „   „*Haschee*" *mit:* le hachis;
       „   „*Hautgout*" *mit:* faisandé *(Eigenschaftswort);*
       „   „*Lokal*" *mit:* endroit, établissement;
       „   „*ordinär*" *mit:* commun, *da das französische Eigen-
schaftswort* „ordinaire" *nur soviel wie* „gewöhnlich, geläufig", *ohne verächtlichen Sinn, bedeutet.*

Die Ausdrücke „Mokka" *und* „Ragout fin" *sind im Französischen nicht gebräuchlich. Unter* „moka" *versteht der Franzose eine Art Kaffeekremtorte.*

Argot

Das Französische besitzt im „argot", *ähnlich wie das Englische im* „slang" *einen ausgedehnten Spezialwortschatz, der
der Soldaten-, Studenten-, Halbwelt- und Unterweltsprache
usw. entstammt (vgl. im Deutschen* „Zaster" *für Geld). Viele
derartige Wörter sind in der französischen Umgangssprache
zu finden. Man muß sie verstehen, womit jedoch nicht gesagt
sein soll, daß man sie selbst verwenden sollte. Einige dieser
Wörter, die sich auf Restaurant und Küche beziehen, sind
nachstehend aufgeführt:*

le bistrot *das Café, die
    Kneipe*
le boulot *die Arbeit*
boire un verre (une tasse, un
    pot) *„einen heben"*
casser la croûte *einen Imbiß
    zu sich nehmen*

le casse-croûte *der Imbiß*
la chopine *die* ¹/₂-*Liter-Flasche*
le coup de blanc *das Glas
    Weißwein*
le coup de rouge *das Glas
    Rotwein*

le cuistot *der Koch*
le pinard *der gewöhnliche*
  Rotwein
l'apéro *(m.) der Aperitif*

le pousse-café *der Schnaps*
  mit oder nach dem Kaffee
le zinc *(spr. das „c" wie „g")*
  die Theke

Et pour finir, quelques anecdotes

Etranger: Garçon, apportez-moi un bifteck bien cuit, s'il vous plaît.

Garçon: Avec plaisir, monsieur.

Etranger: Non, avec des pommes frites!

―――――――

Garçon (à un monsieur qui a fini de déjeuner): Comment avez-vous trouvé votre escalope, monsieur?

Monsieur: Oh, très facilement: j'ai soulevé une pomme de terre et elle y était.

―――――――

Un paysan entre dans un restaurant très chic. Il est un peu embarrassé par la splendeur de l'établissement. Un garçon met devant lui un grand nombre de raviers dans lesquels il y a toutes sortes de hors-d'œuvre que le paysan regarde avec curiosité, mais auxquels il ne touche pas.

Après quelques minutes, il appelle le garçon et lui dit: „Vous savez, si vous ne me servez pas bientôt, je vais manger tous vos échantillons!"

―――――――

Deux messieurs entrent dans un restaurant. Près de leur table est assis un homme long et sec. L'un des messieurs passe le menu à son ami: „Choisissez!" — A ces mots, l'étranger récite avec un mauvais accent: „Je choisis, tu choisis, il choisit..."

„A qui parlez-vous?" demandent les deux amis. — „Je parle, tu parles, il parle...", répond l'étranger. — „Laissez cet homme, il est fou!" — „Je suis fou, tu es fou, il est fou, elle est folle..." — „Finissez ces bêtises, monsieur!" — „Je finis, tu finis..."

Furieux, l'un des messieurs veut appeler le gérant, mais l'étranger dit alors: „Excusez-moi, messieurs, je suis Anglais, j'apprends le français et mon professeur de français dit toujours: conjuguez tous les verbes, c'est un exercice très utile."

l'anecdote *(w.) das Ge-schichtchen*
le paysan *der Bauer*
embarrassé *verlegen*
la splendeur *die Pracht*
le nombre *die Anzahl*
réciter *aufsagen*
le mot *das Wort*
l'accent *(m.) der Akzent*
fou, folle *verrückt*
la bêtise *die Dummheit*
furieux, furieuse *wütend*
soulever *aufheben*

regarder *betrachten*
la curiosité *die Neugier*
toucher à *etwas berühren*
l'échantillon *(m.) Muster, Probe*
le professeur *Professor, Lehrer*
conjuguer *beugen (Grammatik)*
le verbe *das Tätigkeitswort*
l'exercice *(m.) die Übung*
utile *nützlich*

Anhang

A. Menus

1.
Potage Julienne
Saumon mayonnaise
Aloyau sauce madère
Petits pois à la française
Fromages assortis
Fruits de saison

2.
Consommé froid
Filets de dorade sauce hol-
    landaise
Pommes vapeur
Omelette fines herbes
Entrecôte minute pommes
    paille
Asperges sauce vinaigrette
Fromage
Fraises des bois

3.
Hors-d'œuvre variés
Soles frites
Vol-au-vent financière
Pointes d'asperges sauce
    mousseline
Chateaubriand vert pré
Cœurs de laitue
Crème au nougat
Fromages variés
Petits fours

4.
Huîtres portugaises
Potage fausse tortue
Bouchée à la reine
Gigot de pré salé
Haricots blancs
Salade de saison
Omelette flambée au cognac
Fruits rafraîchis
Baba au rhum

5.
Potage Bisque d'écrevisse
Coquille Saint-Jacques
Assiette anglaise
Cèpes à la bordelaise
Poularde de Bresse rôtie
Salade de laitue
Soufflé au chocolat
Fruits assortis

6.
(Soupe) Gratinée
Jambon de Bayonne
Turbot sauce à la crème
Rognon de veau sauté au
    Chablis
Salade aux endives
Crème à la vanille
Fruits

7.

Potage fausse tortue
Truite au bleu
Vol au vent à la Toulouse
Haricots verts
Perdreau rôti sur canapé
Salade de romaine
Omelette aux framboises
Macarons

8.

Potage Soubise
Tartelettes aux fromages
Langouste mayonnaise
Foie de veau à l'anglaise
Artichaut sauce béchamel
Cochon de lait pommes
   mousseline
Barbe de capucin
Soufflé aux abricots
Pêche Melba

9.

Melon glacé
Hors-d'œuvre
Rouget barbet meunière
Quart de poulet rôti cresson
Spaghetti sauce tomate
Salade de tomates
Fromage
Tranche napolitaine

10.

Potage Crème de poireaux
Omelette au jambon
Moules marinière
Tournedos vert pré
Pommes frites
Salade de saison
Crêpe flambée
Fruits

11.

Huîtres Marennes ou Belons
Foie gras truffé à la gelée
Pâté de lièvre en croûte
Filet de thon grillé béarnaise
Noix de veau poêlée maca-
   roni au gratin
Salade endive et betterave
Fromage
Tarte aux fruits

12.

Potage purée de haricots
Œufs brouillés
Croustade de barbue
Médaillon de ris de veau
   braisé
Caneton aux petits pois
Fonds d'artichauts soufflés
Pêches flambées
Beignets de pommes

S o u p e r s

13.

Huîtres
Consommé froid
Homard à l'américaine
Poulet froid à la gelée
Cœurs de laitue
Fruits

14.

Caviar
Aspic de foie gras truffé
Jambon d'York
Langouste mayonnaise
Salade russe
Petits fours

HOTEL DE LA POSTE

DIJON (Côtes-du-Rhône)

Confort moderne	Téléphone
Ascenseur	34.43
Cuisine renommée	34.44

Dijon, le 17 Juin 1984

NOTE pour Monsieur Bouisson, Numéro 34

Juin	14	Chambre	120	00
		Bagages	10	00
		Petit déjeuner	15	00
	15	Chambre	120	00
		Petit déjeuner	15	00
		Dîner	48	00
		1 bouteille Mâcon	35	00
	16	Chambre	120	00
		Bain	20	00
		Petit déjeuner	15	00
		Déjeuner	48	00
		Eau minérale	5	00
			571	00
		Service 12%	68	50
		frs.	639	50
Juin	16	Journaux	9	00
		Communication téléph. Paris	6	50
		Total frs.	655	00

Pour acquit

Eugènè Leclerc

C. Personal

1. Restaurant

Die Zusammensetzung des Personals hängt wesentlich von der Kategorie der Gaststätte ab. Daher sind zwischen den beiden nachstehenden Beispielen zahlreiche Abstufungen möglich.

a) Erstklassiges Restaurant

Directeur de restaurant
  Restaurantdirektor
(Premier) maître d'hôtel
  (erster) Oberkellner
Maître d'hôtel de carré
  Ober-, Stationskellner
Trancheur *Vorschneider*
Sommelier *Weinkellner*
Chef de rang *Chef de rang*
Commis de rang *Jungkellner*
Commis de suite „*Commis la suite*"
Apprenti *Lehrling, „Pikkolo"*

b) Bürgerliches Restaurant

Patron *Besitzer, Gastwirt*
  ou
Gérant *Geschäftsführer*
Maître d'hôtel *Oberkellner*
Garçon (de restaurant)
  Kellner
Commis *Jungkellner*
Commise ⎱
Serveuse ⎰ *(jung)Kellnerin*

2. Küche

Chef de cuisine *Küchenchef*
Chef de partie *Partiechef*
  (z. B. Saucier *Saucier,*
  Rôtisseur, *Rôtisseur,*
  Pâtissier *Pâtissier)*
Commis *Jungkoch*
Apprenti *Lehrling*
Plongeur *Geschirrwäscher*

3. Hotel

Hôtelier *Hotelbesitzer,*
  Hotelier
Chef de réception *Empfangs-chef*
Chef d'étage *Etagenkellner*
Garçon d'étage *Zimmer-kellner*
Femme de chambre *Zimmer-mädchen*
Portier, concierge *Portier*
Chasseur, groom *Hotelpage*

Wörterverzeichnis

Abkürzungen: *m.* = männlich; *w.* = weiblich; *(K)* = Küchensprache; *(W)* = auf Wein und Keller bezüglich; *spr.* = sprich

1. Französisch-Deutsch

A

à *in, nach (bei Städten), an, zu*
abatis *m. Geflügelklein, -jung*
abricot *m. Aprikose*
abordable *erschwinglich*
absolu *absolut, sicher*
accent *m. Akzent*
accepter *annehmen*
accommoder *(K) zurechtmachen*
acheter *kaufen*
acide *sauer*
acquit *m. Quittung*
addition *w. Rechnung*
adorer *sehr gern haben („anbeten")*
adresse *w. Adresse*
s'adresser à *sich wenden an*
à droite *rechts*
aéroport *m. Flugplatz*
affaire *w. Geschäft, Angelegenheit*
affranchir *freimachen, frankieren*
afin que *damit*
à gauche *links*
âge *m. Alter*
agneau *m. Lamm, Lammfleisch*

aider *helfen*
aigrefin (aiglefin) *m. Schellfisch*
ail *(spr. aj) m. Knoblauch*
ailler *mit Knoblauch würzen*
aile *w. Flügel*
aimable *liebenswürdig*
aimer *lieben, gern haben (essen)*
aimer mieux *lieber haben (essen)*
air *m.* Luft; prendre l'air *Luft schöpfen*
ajouter *hinzufügen*
alcool *m. Alkohol*
à la Bercy *mit Schalotten und Rotwein*
à la bonne femme *gut bürgerlich zubereitet, nach Hausfrauenart*
à la bordelaise *wie in Bordeaux*
à la broche *am Bratspieß*
à la chasseur *auf Jägerart*
à la financière *mit den feinsten Zutaten zubereitet*
à la forestière *auf Försterinart*

à la française *auf franzö-sische Art*
à la gelée *mit Galerte, ge-sülzt*
à la hollandaise *auf hollän-dische Art*
à la jardinière *nach Gärt-nerinnenart (mit verschie-denen Gemüsen)*
à l'allemande *auf deutsche Art*
à la macédoine *mit verschie-denen Gemüsen*
à la maître d'hôtel *auf Haus-hofmeisterart*
à la manière (façon) de ... *auf ... Art*
à la marinière *auf Seemanns-art*
à la matelote *auf Matrosen-art*
à la meunière *auf Müllerin-nenart*
à la mode de ... *auf ... Art*
à l'anglaise *in Buttersoße ge-dünstet*
à la poulette *mit Eier-Butter-Soße*
à la provençale *auf proven-zalische (südfranzösische) Art*
à la russe *auf russische Art*
à la vinaigrette *mit Essig und Öl und gehackten Kräutern*
à l'écarlate *gepökelt*
à l'étouffée, à l'étuvée *ge-dämpft*
à l'italienne *auf italienische Art*
Allemagne *w. (immer mit dem Artikel) Deutschland*
allemand *deutsch*
aller *gehen*
allô! *wer da? (Telefon)*
alors *dann*
alose *w. Alse, Alose*
aloyau *m. Rückenstück, Lendenbraten*
allumette *w. Zündholz*
amande *w. Mandel*
amer, w. amère *bitter*
américain *amerikanisch*
Amérique *w. (immer mit dem Artikel) Amerika*
ami *m. Freund*
amie *w. Freundin*
an *m. Jahr*
ananas *m. Ananas*
anchois *m. Anchovis, Sardelle*
ancien *ehemalig, alt*
anglais *englisch*
Angleterre *w. (immer mit dem Artikel) England*
anguille *w. Aal*
anisette *w. Anislikör*
année *w. Jahr*
annuaire (téléphonique) *m. Telefonbuch*
antialcoolique *m. Antialko-holiker*
août *m. August (Monat)*
apéritif *m. appetitanregendes alkoholisches Getränk*
appareil *m. Apparat (Tele-fon)*
appartement *m. Wohnung*
appeler *rufen*
s'appeler *heißen*
appellation *Benennung;*
   a. controlée *(W) Name ist kontrolliert*

appétit m. *Appetit*
appétissant *appetitlich*
apporter *bringen*
apprendre *lernen*
apprenti m. *Lehrling*
apprenti cuisinier m. *Koch-lehrling*
apprenti garçon m. *Kellner-lehrling*
après *nach*
après-demain *übermorgen*
après-midi m., w. *Nachmittag*
argent m. *Geld, Silber*
armoire (à glace) w. *(Spiegel-) Schrank*
arrêt m. *Aufenthalt (Eisenbahn)*
arrivée w. *Ankunft*
arriver *ankommen*
arrondissement m. *(Pariser) Stadtbezirk*
arroser *begießen*
artichaut m. *Artischocke*
artiste m., w. *Künstler(in)*
ascenseur m. *Aufzug, Fahrstuhl, Lift*
asperges w. *(immer Mehrzahl) Spargel*
aspic m. *Aspik, Sülze*
assaisonner *würzen*
s'asseoir *sich setzen*
assez *genug, ziemlich*
assiette w. *Teller*
assortir *passend zusammenstellen*

attendre *warten*
auberge w. *Gasthof*
aubergine w. *Eierpflanze*
au beurre noir *mit brauner Butter*
au bleu *blau gesotten (Fisch)*
au four *im Ofen (Bratrohr) gebacken*
au gratin *mit Kruste (im Topf) gebacken*
aujourd'hui *heute*
au naturel *einfach gekocht, gesotten*
au premier *im ersten Stock*
aussi *auch*
autant (que) *ebensoviel (wie)*
autobus m. *(Stadt-)Omnibus*
autre *andere*
Autriche w. *(immer mit dem Artikel) Österreich*
autrichien *österreichisch*
avancer *vorgehen*
avant *vor*
avant-hier *vorgestern*
avec *mit*
avenir m. *Zukunft;* à l'avenir *in Zukunft*
avenue w. *breite (bepflanzte) Straße*
avion m. *Flugzeug*
avis m. *Ansicht, Meinung*
avoine w. *Hafer*
à votre service *zu Ihren Diensten, bitte (nur nach „danke")*
avril m. *April*

B

baba m. *kleiner, mit Rum getränkter Rosinenkuchen*
bacon m. *geräucherter Speck*

bagages m. *(Mehrzahl) Gepäck*
baignoire w. *Badewanne*

bain *m. Bad*
bain-marie *m. Wasserbad*
banane *w. Banane*
banque *w. Bank (Kredit-*
anstalt)
banquette *w. Sitzbank*
bar *m. Wolfsbarsch*
bar *m. Bar, Trinkstube*
barbe de capucin *w. ge-*
bleichte Endivie
barbeau *m. Barbe*
barbue *w. Rautenscholle*
barder *mit Speck umwickeln*
barrique *w. Weinfaß*
bas *niedrig, leise*
battre *schlagen*
bavarois *bayrisch*
Bavière *w. (immer mit dem*
Artikel) Bayern
beau *schön (vor einem Selbst-*
laut „bel"), w. belle
beaucoup *viel*
bécasse *w. Waldschnepfe*
bécassine *w. Wasserschnepfe*
belge *belgisch*
Belgique *w. Belgien*
bêtise *w. Dummheit*
betterave *w. rote Rübe*
beurre *m. Butter; petit-beurre*
Keks
biche *w. Hirschkuh*
bicyclette *w. Fahrrad*
bien *gut (Umstandswort)*
bien cuit *gut gekocht, ge-*
braten
bien des . . . *sehr viele*
bien que *obgleich*
bientôt *bald*
bière *w. Bier*

bifteck *m. Beefsteak, Lende*
vom Ochsen, gebraten
billet *m. Fahrkarte; billet*
(de banque) Banknote
bis *schwarz (nur für Brot)*
biscuit *m. Biskuit*
bisque d'écrevisse *w. Krebs-*
suppe
bistrot *m. (familiär) das Café*
blanc *weiß, w. blanche*
blanc d'œuf *Eiweiß*
blanchir *bleichen (K)*
blanquette *w. Kalbsragout*
in weißer Soße
bleu *blau*
blond *blond, bei Bier „hell"*
bock *m. Glas Bier (¹/₄ Liter)*
bœuf *m. Ochse, Ochsenfleisch*
boire *trinken*
bois *m. Holz*
boisson *w. Getränk*
boîte *w. Büchse, Dose,*
Schachtel
boîte de nuit *w. (familiär)*
Nachtlokal)
boîte aux lettres *w. Brief-*
kasten
bombe (glacée) *w. Eisbombe*
bon *gut, w. bonne*
bonjour *guten Tag*
bon marché *billig*
bonsoir *guten Abend*
bonne *w. Dienstmädchen*
bonne nuit *gute Nacht*
Bordeaux *m. Bordeaux, Bor-*
deauxwein
bordelais *von Bordeaux*
bottin *m. Adreßbuch*
bouche *w. Mund*
bouchée *w. kleine Blätter-*
teigpastete

boucher m. Metzger
bouchon m. Kork, Stöpsel
boudin m. Blutwurst
boudin blanc Art Weißwurst
bouillabaisse w. Fischsuppe
(in Südfrankreich)
bouillir kochen, sieden
bouilli einfach gesotten
bouillon m. Fleischbrühe
boulanger m. Bäcker
boulevard m. breite, be-
pflanzte Straße
bouquet Blumenstrauß; rosa
Krevetten; Büschel ver-
schiedener Kräuter (K);
Blume (W)
bourgeois bürgerlich
Bourgogne w. Burgund, Burgunderwein
bourguignon Burgunder
(Eigenschaftswort); bœuf
bourguignon Rindsgulasch
bourse w. Geldbeutel
bouteille w. Flasche

braise w. Glut
braiser schmoren
brasserie w. Brauerei, Bierrestaurant
brider zubinden (Geflügel)
Brie Landschaft östlich von
Paris; Briekäse
briquet m. Feuerzeug
broche w. Spieß
brochet m. Hecht
brochette am Spieß gebraten
brosser bürsten
brouillard m. Nebel
brûler brennen, verbrennen
brun braun, bei Bier „dunkel"
brut sehr herb (Champagner)
Bruxelles w. Brüssel
buffet m. Büfett, Bahnhofs-
restauration
bureau m. Büro, Schreibtisch
bureau de poste m. Postamt
buvette w. (Bahnhofs-) Erfrischungsraum
buveur m. Trinker

C

ça dies, das
cabaret artistique m. Ka-
barett
cabillaud m. Kabeljau
cabine téléphonique w. Telefonzelle
cabinet particulier m.
„Chambre séparée"
ça fait das macht? (Rechnung)
café m. Kaffee, Kaffeehaus
café arrosé Kaffee mit
Schnaps
café (à la) crème Milchkaffee
(Kaffee Melange)

café filtre Art „Mokka"
(Filterkaffee in der Tasse)
café au lait Milchkaffee
café nature schwarzer Kaffee
cafetière w. Kaffeekanne
caille w. Wachtel
caisse w. Kiste; Kasse
caisse enregistreuse w. Registrierkasse
caissière w. Kassierin (bedient in Frankreich nicht)
calvados m. Apfelschnaps
camembert m. Camembert
(Name eines französischen
Dorfes)

canapé *m. geröstete Brotschnitte*
canard *m. Ente*
canard sauvage *Wildente*
caneton *m. junge Ente*
cannelle *w. Zimt*
cannelle, cannette *w. Wechsel (W.) Faßhahn*
cantal *m. französischer Käse*
capitale *w. Hauptstadt*
câpres *w. Kapern*
carafe *w. Wasser-, Wein-
flasche*
carafon *m. Fläschchen,
Schoppen*
car *m. Überlandomnibus*
carotte *w. gelbe Rübe*
carpe *w. Karpfen*
carpillon *m. junger Karpfen*
carré *m .Vorderviertel (bei
Hammel, Schwein, Kalb,
Lamm)*
carrelet *m. Scholle*
carte des vins *w. Weinkarte*
carte (du jour) *w. Speisenkarte*
carte postale *w. Postkarte*
casse-croûte *m. (familiär)
Imbiß*
casse-noix *m. Nußknacker*
casser *zerbrechen*
casserole *w. Schmorpfanne,
Kasserolle*
cassis *m. Likör aus schwarzen Johannisbeeren*
cassoulet *m. Hammelragout
mit Gans und weißen
Bohnen*
catholique *katholisch*
cause *w. Ursache; pour cause
de . . . wegen . . .*

cave *w. Keller*
caviar (russe) *m. Kaviar*
cela *das, dies*
céleri *m. Sellerie*
celle-ci *w. diese hier*
celle-là *w. diese da) jene*
celui-ci *m. dieser hier*
celui-là *m. dieser da, jener*
cendrier *m. Aschenbecher*
centaine *w. etwa hundert*
cèpe *m. Steinpilz*
cerf *m. Hirsch*
cerfeuil *m. Kerbel*
cerise *w. Kirsche*
certain *gewiß, sicher*
certainement *gewiß (Um-
standswort)*
cervelle *w. Hirn*
ce sont *das sind*
c'est *das ist*
c'est bien tout? *genügt Ihnen
das?*
c'est cela (ça) *so ist's recht*
chacun *jeder einzelne (ohne
Hauptwort)*
chaise *w. Stuhl*
chambre *w. Zimmer*
chambrer *warmstellen (W)*
chamois *m. Gemse*
champagne *m. Sekt, Cham-
pagner*
champignon *m. Pilz*
champignon de Paris *künst-
lich gezogener Champignon*
changement *m. Änderung*
changement de garniture
Beilagenänderung (K)
changer *ändern, Geld wechseln*
changer de train *umsteigen*
chanter *singen*

chapeau *m. Hut*
chapelure *w. Semmelbrösel*
chapon *m. Masthahn, Kapaun*
chaque *jede(r) einzelne*
charcutier *m. Schweine-*
  metzger
charcuterie *w. Aufschnitt*
charlotte de pommes *w.*
  Apfelbrottorte
chasseur *m. Hotelpage, Lauf-*
  bursche; Jäger
château *m. Schloß*
chateaubriand *m. gebratenes*
  (dickes) Ochsenfiletstück
chaud *warm*
chaudron *m. Kessel*
chauffage central *m. Zentral-*
  heizung
chauffer *heizen*
chaussures *w. Schuhe*
chef (de cuisine) *m.Küchenchef*
chef de rang *m. Chef de rang,*
  Abteilungskellner
chef de réception *Empfangs-*
  chef
chemin *m. Weg*
chemin de fer *m. Eisenbahn*
cher *lieb, teuer (für Personen*
  und Sachen)
chercher *suchen*
(mon) chéri *(m.)*, (ma) chérie
  (w.) Liebling
cherry brandy *m. Kirschlikör*
chester *m. Chesterkäse*
chevreuil *m. Reh*
chez *bei, zu*
chez moi (toi *usw.*) *zu Hause*
chic *fein, vornehm*
chicorée (frisée) *(gekräu-*
  selte) Endivie
chocolat *m. Schokolade*

choisir *wählen*
choix *m. Wahl;* au choix
  nach Wahl
chopine *w. (familiär) Schop-*
  pen, Halbliterflasche
chose *w. Sache, Ding*
chou *m. Kohl, Kraut*
choucroute *w. Sauerkraut*
choucroute garnie *mit Schin-*
  ken und Würstchen gar-
  niertes Sauerkraut
chou de Bruxelles *Rosenkohl*
chou de Milan *Wirsing*
chou farci *gefüllter Kohl*
chou-fleur *Blumenkohl*
chou rouge *Rotkohl, Blau-*
  kraut
chou à la crème *mit Krem*
  gefülltes Törtchen
ciboulette *w. Schnittlauch*
cidre *m. Apfelwein*
cigare *m. Zigarre*
cigarette *w. Zigarette*
cinéma *m. Kino*
cirer *wichsen*
citron *m. Zitrone*
citronnade *w. (natürliche)*
  Zitronenlimonade
citron pressé *m. (natürliche)*
  Zitronenlimonade
civet *m. Wild-, Hasenpfeffer*
clair *hell*
clef *w. (spr. klee) Schlüssel*
client *m. Gast, Kunde*
clou de girofle *m. Nelke (K)*
cochon de lait *m. Spanferkel*
cocotte *w. (gußeiserner)*
  Schmortopf
cœur *m. Herz*

cognac *m. Kognak, Weinbrand*

coiffeur *m. Friseur*

coin *m. Ecke, Winkel*

colis postal *m. Postpaket*

combien (de) *wieviel*

coloré *angebraten, braun (K)*

comestible *m. Nahrungsmittel, Delikatesse*

commander *bestellen*

comme *wie, als*

commencer *anfangen*

comment? *wie?*

commis *m. Gehilfe, Jungkoch*

commis de rang *m. Jungkellner*

commise *w. Jungkellnerin*

commission *w. Besorgung*

commissionnaire *m. Dienstmann, Gepäckträger*

commun *gewöhnlich (ordinär)*

communication *w. Telefongespräch, Mitteilung*

compote *w. Kompott*

comprendre *verstehen*

compris *verstanden, inbegriffen*

compte *m. Rechnung*

compter *zählen, rechnen*

comptoir *m. Ladentisch, Theke*

concierge *m., w. Hausmeister(in), Portier*

concombre *m. Gurke*

conduire *führen, lenken*

confiture *w. Konfitüre, Marmelade*

confortable *bequem, behaglich*

conjuguer *beugen (Grammatik)*

connaissance *w. Bekanntschaft, Kenntnis*

connaisseur *m. Kenner*

connaître *kennen*

connu *bekannt*

consommation *w. Zeche*

consommer *verzehren, trinken*

consommé *m. Kraftbrühe*

construire *bauen*

contenance *w. Fassungsvermögen*

contenir *enthalten*

contenu *m. Inhalt*

contraire *m. Gegenteil;* au contraire *im Gegenteil*

coq *m. Hahn*

coq au vin *Huhn in Weinsoße*

coq de bruyère *Auerhahn*

coque *w. (Eier-) Schale*

coquille *w. Muschel, Schale*

coquillette *w. Hörnchen (-Nudeln)*

cordon bleu *m. hervorragende Köchin*

cornichon *m. Essiggurke*

corridor *m. Hausflur, Gang*

côte *w. Rippenstück, Rippe*

côté *m. Seite;* à côté de ... *neben*

côtelette *w. Kotelett*

couche *w. Schicht*

se coucher *sich niederlegen, schlafen gehen*

couenne *w. (spr. kwann) Speckschwarte*

couleur *w. Farbe*

couloir *m. Gang, Hausflur*

coupe à champagne w. *Sektschale*
couper *schneiden, trennen (Telefon)*
courir *laufen*
courrier m. *(einlaufende, abgehende) Post*
course w. *Gang, Besorgung*
court *kurz*
court-bouillon m. *Fischsud*
cousin m. *Vetter;* cousine w. *Kusine*
couteau m. *Messer*
coûter *kosten (Geld)*
couvercle m. *Deckel*
couvert m. *Gedeck*
couverture w. *Decke*
couvre-pied m. *Steppdecke*
couvrir *bedecken*
crabe m. *(große runde) Krabbe, Taschenkrebs*
cravate w. *Krawatte*
crème w. *Krem, Rahm, Sahne (bei Suppen „Schleim")*
crème à la vanille *Vanillekrem*
crème Chantilly, crème fouettée *Schlagsahne*
crème renversée *Pudding*
crêpe w. *Pfannkuchen*
cresson m. *Brunnenkresse*

crête w. *Hahnenkamm*
crevette w. *Garnele (kleiner Meerkrebs)*
creux *hohl , tief;* w. creuse
croissant m. *Hörnchen*
croquette w. *gebackenes Fleischklößchen*
croûte w. *Kruste*
croûton m. *geröstete Brotstückchen*
cru *roh*
crustacés m. *Schaltiere*
cuiller w. *Löffel*
cuillerée w. *Löffelvoll*
cuiller en bois w. *Kochlöffel*
cuire *kochen, backen*
cuisine w. *Küche*
cuisinier m. *Koch*
cuisinière w. *Köchin*
cuisse w. *Schenkel, Keule*
cuisseau m. *Schlegel (vom Kalb)*
cuissot m. *Schlegel, Keule (beim Wild)*
cuisson w. *Kochzeit, Backzeit*
cuit *gekocht, gebacken*
culotte w. *Schweifstück (sonst „kurze Hose")*
curiosité w. *Neugier*
cuvette w. *Waschschüssel*

D

daim m. *Damhirsch*
dame w. *Dame*
dans *in*
date w. *Datum*
datte w. *Dattel*
d'avance *im voraus*
daubé *geschmort*
de *von*

débit de tabac m. *Tabakverkauf*
débit de vins m. *Weinausschank*
déboucher *entkorken*
décanter *dekantieren (W)*
décembre m. *Dezember*
déclarer *verzollen*

découper *zerschneiden, zerlegen*
découvrir *entdecken*
dégraisser *Fett abschöpfen*
déguster *kosten, versuchen (W)*
déjeuner *frühstücken, zu Mittag speisen*
déjeuner m. *Mittagessen;* petit déjeuner *Frühstück*
délayer *einrühren, verrühren*
délice m. *Delikatesse*
délicieux *köstlich,* w. *délicieuse*
demain *morgen,* à demain *auf Wiedersehen morgen, bis morgen!*
demi *halb*
demi m. *zirka* ²/₅ *Liter Bier*
demi-bouteille w. *halbe Flasche*
demi-douzaine w. *halbes Dutzend*
demi-heure w. *halbe Stunde*
demi-sec *halbmild*
demoiselle w. *(ein) Fräulein*
démouler *aus der Form stürzen*
dent w. *Zahn*
départ m. *Abfahrt, Abreise*
se dépêcher *sich beeilen*
dépôt m. *Bodensatz (W)*
déranger *stören (unangenehm sein)*
descendre *heruntersteigen, aussteigen*
désirer *wünschen*
désosser *ausbeinen (K)*
dessaler *entsalzen (K)*
dessert m. *Nachtisch*
desservir *abtragen*

dette w. *Schuld*
devenir *werden*
devoir *sollen, müssen, schulden*
devoir m. *Pflicht*
différent *verschieden*
difficile *schwierig*
digestif m. *verdauungsförderndes, alkoholisches Getränk (Likör, Schnaps)*
digestion w. *Verdauung*
dimanche m. *Sonntag*
dinde w. *Truthenne*
dindon m. *Truthahn*
dindonneau m. jg. *Truthahn*
dîner *zu Abend speisen*
dîner m. *Abendessen (Hauptmahlzeit)*
directeur d'hôtel *Hoteldirektor*
directeur de restaurant *Restaurantdirektor*
discrétion w. *Verschwiegenheit;* à discrétion *nach Belieben (gratis)*
disposition w. *Verfügung*
distinct *deutlich,* distinctement *(Umstandswort)*
dizaine w. *etwa zehn*
donc *also, folglich, denn*
donner *geben*
dorade w. *Goldbrasse*
doré *gebräunt, goldgelb*
dormir *schlafen*
douane w. *Zollstation, -revision*
douanier m. *Zollbeamter*
double *doppelt*
doux *sanft, leicht (Zigarren), süß, mild (W);* w. *douce*
douzaine w. *Dutzend*

drap m. Bettuch
dresser anrichten (K)
droit rechte
droit m. Recht, Anrecht

drôle drollig, sonderbar;
un(e) drôle de ... ein sonderbarer ... eine sonderb.
dur hart

E

eau w. Wasser
eau de Seltz (le siphon)
Selterwasser
eau douce Süßwasser
eau minérale Mineralwasser
écarlate scharlachrot, à
l'écarlate gepökelt
échalote w. Schalotte
échantillon m. Muster, Probe
école w. Schule
écrevisse w. Krebs
écrire schreiben
écriture w. Schrift
écumer abschäumen
écumoire w. Schaumlöffel
église w. Kirche
électrique elektrisch
embarrassé verlegen
embrocher auf den Spieß
stecken
émincé m. Blätterragout
emmener mitnehmen (Per-
sonen)
emmenthal m. Emmenthaler
Käse
emporter mitnehmen (Sa-
chen)
en in (bei Ländernamen), im
Jahre
en belle vue in Gallerte, ge-
sülzt
en casserole im Topf ge-
schmort
en cocotte in der Kasserolle

en coquilles in Muschel-
schalen
encore noch
endive w. Chicorée
endroit m. Lokal, Stelle
en face gegenüber
enfant m. Kind
enfourner in den Ofen
schieben
engager verpflichten, einstellen
en gibelotte (Wild) in Weißweinsoße
enlever wegnehmen
en marinade gebeizt
en papillote in Papier gebraten (gedämpft)
en robe de chambre (in der
Schale) (Kartoffeln)
ensuite hierauf, dann
entendre hören
entendu abgemacht
entre zwischen
entrecôte w. Mittelrippenstück (vom Rind)
entrée w. Zwischengericht
entremets m. Mehl-, Süß-
speise
entrer eintreten
s'entretenir sich unterhalten
entretien m. Unterredung
entrez! herein!
enrhumé erkältet
enveloppe w. Briefumschlag
envelopper einwickeln

environ *ungefähr*
envoyer *schicken*
épaule *w. Schulter*
éperlan *m. Stint*
épice *w. Gewürz*
épicier *m. Lebensmittel-,
Kolonialwarenhändler*
épinards *m. (immer Mehr-
zahl) Spinat*
éplucher *schälen (K)*
escalope *w. Schnitzel*
escargot *m. Weinberg-
schnecke*
escarole *w. Winterendivie*
Espagne *w. (immer mit dem
Artikel) Spanien*
espagnol *spanisch*
essayer *versuchen (zu tun)*
essuyer *abtrocknen*

estomac *m. Magen*
estragon *m. Estragon*
esturgeon *m. Stör*
et *und*
établissement *m. Lokal*
étage *m. Stockwerk*
éteindre *löschen*
étouffer, étuver *dämpfen*
étranger *m. Fremder, l'étranger das Ausland*
évier *m. Ausguß*
exact *genau*
exagérer *übertreiben*
excellent *ausgezeichnet*
excuser *entschuldigen*
exercice *m. Übung*
express *m. Schnellzug, D-Zug*
exquis *auserlesen*
extra *m. Aushilfskellner*

F

(se) fâcher *(sich) ärgern*
facile *leicht (zu tun)*
façon *w. Art*
facteur *m. Briefträger*
faim *w. Hunger*
faire *machen, tun (veran-)
lassen*
faire attention à *aufpassen
auf*
faire la chambre *das Zimmer
richten*
faire la cuisine *kochen*
faire le lit *das Bett machen*
faire la vaisselle *Geschirr
spülen*
faire maigre *Fasttag halten*
faire une commande *be-
stellen*
faire une commission *eine
Besorgung machen*

faire une course *einen Gang
machen*
faisan *m. Fasan*
faisandé *mit starkem Wild-
geschmack ("Hautgout")*
falloir *nötig sein*
fameux *berühmt, famos, ausgezeichnet*
famille *w. Familie*
farce *w. Füllsel (K)*
farci *gefüllt*
farine *w. Mehl*
fatigué *müde*
fauteuil *m. Sessel*
faux-filet *m. falsches Filet*
femme *w. (spr. fam) Frau,
Gattin*
femme de chambre *Zimmer-
mädchen*
fenêtre *w. Fenster*

fermer *schließen*
fermeture *w. Schließung, Verschluß*
feu *m. Feuer, Hitze*
feuille *w. Blatt*
feuille de laurier *Lorbeerblatt*
février *m. Februar*
fiche *w. Zettel*
figue *w. Feige*
filet *m. Lende vom Schlachtvieh (bei Fisch: von Haut u. Gräten befreite Rückenschnitten)*
fille *w. Tochter, Mädchen*
fils *m. (spr. fis) Sohn*
fin *fein*
fine *w. Kognak*
finir *enden, beenden*
fixe *feststehend*
flageolet *m. junge Zwergbohne*
flamber *sengen (K), bei Süßspeisen: mit Kognak übergießen und anzünden*
flûte *w. Sektkelch (W)*
foie *m. Leber*
foie gras *Gänseleber*
fois *w. Mal (la première fois das erste Mal)*
fond *m. Grund, Boden*
fond d'artichaut *Artischokkenboden*
fondre *schmelzen, zerlassen (K)*
fort *stark*
four *m. Backofen, Bratrohr;*

petit four *sehr feines Törtchen*
fourchette *w. Gabel*
fourneau *m. Küchenherd*
fournir *liefern*
frais *frisch, w. fraîche*
fraise *w. Erdbeere (K)*
fraise des bois *Walderdbeere*
framboise *w. Himbeere*
franc *m. Franc (zirka 33 Pfennig)*
français *französisch*
France *w. (immer mit dem Artikel) Frankreich*
Francfort *Frankfurt*
frapper *kalt stellen (W)*
frère *m. Bruder*
fricadelle *w. gebackenes Fleischklößchen*
fricandeau *m. Schnitte von gespicktem Kalbfleisch*
fricassée *w. Geflügelragout*
frigidaire *m. Kühlschrank*
frit *in Fett gebacken, gebraten*
friture de .. *Gebackenes von . . .*
froid *kalt*
fromage *m. Käse*
fruit *m. Frucht, fruits Obst*
fruits de mer *eßbare Meerestiere*
fruits rafraîchis *Obstsalat*
fumer *rauchen, räuchern*
fumé *geräuchert*
fumeur *m. Raucher*
furieux *wütend, w. furieuse*
fût *m. Weinfaß*

G

gagner *gewinnen, verdienen (Geld)*

galantine de lapin *w. Art Kaninchenpastete*

galette *w. Fladen*

garage *m. Garage*

garçon *m. Kellner*

garçon d'étage *Zimmerkellner*

garde-manger *m. Speiseschrank*

gare *w. Bahnhof*

Gare de l'Est *(Pariser) Ostbahnhof*

Gare du Nord *(Pariser) Nordbahnhof*

garnir *garnieren, ausstatten*

garniture *w. Beilage*

gastronome *m. Feinschmecker*

gâteau *m. Kuchen*

gauche *links*

gaufre *w. (große, warme) Waffel*

gaufrette *w. kleine Waffel*

gaz *m. Gas*

gazeux *kohlensäurehaltig, w. gazeuse*

gelée *w. Gallerte, Sülze, Gelee*

gelinotte *w. Haselhuhn*

Genève *w. Genf*

gens *m. Leute*

gentil *(spr. genti) nett, artig, niedlich (von Personen und Sachen), w. gentille (spr. gentij)*

gérant *m. Geschäftsführer*

gervais *m. Sahnekäse (nach dem Hersteller)*

gibelotte *w. (Wild) in Weißweinsoße*

gibier *m. Wildbret*

gibier à plume *Federwild*

gibier à poil *Haarwild*

gigot *m. Keule, Schlegel (vom Hammel)*

girolle *w. Eierschwamm*

glace *w. Gefrorenes, Eis; großer Spiegel*

glace panachée *gemischtes Eis*

glacé *übersülzt; bei Backwerk: mit Zuckerguß überzogen*

glacière *w. Eisschrank*

gnocchi *m. (spr. njoki) kleine Käsepastete*

gorge *w. Gurgel, Hals, Kehle*

gorgonzola *m. Gorgonzolakäse*

goujon *m. Gründling*

gourmand *m. starker Esser, Schlemmer*

gourmet *m. Feinschmecker*

goût *m. Geschmack*

goûter *versuchen, verkosten*

goûter *m. Vesper*

grand *groß*

grapefruit *m. Grapefruit, Pampelmuse*

gras *fett, w. grasse; du gras Fettes*

gratin *m. mit Kruste im Topf gebacken*

gratiné *mit Kruste*

gratis, gratuit *gratis*

grenadine w. Granatapfel-
sirup
grenouille w. Frosch(schenkel)
gril m. Rost
griller rösten
grillade w. geröstetes Fleisch
grill-room m. feines Restaurant (mit gebratenen Spe-
zialitäten)
gris grau
grive w. Drossel

grog (américain) m. (ameri-
kanischer) Grog
groom m. Hotelpage
gros dick, w. grosse
groseille w. Johannisbeere
groseille à maquereau
Stachelbeere
gruyère m. Schweizer Käse
guéridon m. (rundes) Tisch-
chen
guichet m. Schalter

H

Bei den mit * bezeichneten Wörtern weder apostrophieren
noch binden!

habit m. Frack
habits Kleider
habiter bewohnen
habitué m. Stammgast
* hacher hacken
* hachis m. gehacktes
Fleisch, Haschee
* hachis Parmentier Kartoffelpüree auf Hackfleisch
* hachoir m. Hackmesser
* hall m. (spr. ol) Hotelhalle
* hareng m. Hering
* hareng saur Räucher-
hering, Bückling
* haricot m. Bohne
* haricot blanc weiße Bohne
* haricot vert grüne Bohne
* haricot de mouton
Hammelragout
* haut hoch
herbe w. Kraut, Gras, fines
herbes feine Kräuter

heure w. Stunde, Uhr; à la
bonne heure das lasse
ich mir gefallen!
heureux glücklich, w. heureuse
heureusement glücklicher-
weise
hier (spr. iär) gestern
* homard m. Hummer
honneur m. Ehre
hôpital m. Krankenhaus
* hors-d'œuvre m. Vorspeise
hôtel m. Hotel
hôtel de ville Rathaus
huile w. Öl
huilier m. Essig- und Öl-
ständer
* huitaine w. etwa acht (Tage)
huître w. Auster
humeur w. Laune; de bonne
(mauvaise) humeur gut
(schlecht) aufgelegt
* hure w. Kopf des
Schweins, Wildschweins

I

il faut *es ist nötig, man braucht*
il y a *es gibt, es ist, es sind; vor (es ist her)*
impossible *unmöglich*
inconnu *unbekannt*
indicateur *m. Eisenbahnkursbuch*
indiquer *angeben*

infini, infiniment *unendlich*
inscrire *einschreiben*
interprète *m. w. Dolmetscher(in)*
Italie *w. (immer mit dem Artikel) Italien*
italien *italienisch, w.* italienne
ivre *betrunken*
ivrogne *m. Betrunkener, Säufer*

J

jambon *m. Schinken*
janvier *m. Januar*
jardin *m. Garten*
jardinière *w. Gärtnerin*
jarret *m. Haxe*
jaune *gelb*
jaune d'œuf *Eigelb*
jeter *werfen*
jeton *m. Biermarke*
jeu *m. Spiel, Mehrzahl* jeux
jeudi *m. Donnerstag*
jeune *jung*

joindre *verbinden, beifügen*
joli *hübsch*
jour *m. Tag;* par jour *pro Tag*
journal *m. Zeitung, Mehrzahl* journaux
juillet *m. Juli*
juin *m. Juni*
jus *m. Saft*
jusque, jusqu'à *bis*
juste *recht, gerade*

K

kirsch *m. Kirschwasser*

kummel *m. Kümmellikör*

L

là *da*
là-bas *da unten, dort hinten*
laisser *lassen, zulassen*
lait *m. Milch*
laitier *m. Milchhändler*
laitue *w. Kopfsalat*
langouste *w. Languste*
langoustine *w. Langustine*
langue *w. Zunge; Sprache*
lapin *m. Kaninchen*
lapin de garenne *Wildkaninchen*
lard *m. Speck*

larder *spicken*
large *breit*
laurier *m. Lorbeer*
lecture *w. Lesen, Lektüre*
léger *leicht (Gewicht), auch bei Weinen*
légumes *m. Gemüse (meist Mehrzahl)*
lent *langsam*
lentille *w. Linse*
lettre *w. Brief;* lettre recommandée *Einschreibebrief*
se lever *aufstehen*

levraut *m. junger Hase*
libre *frei*
lier *binden (K)*
lièvre *m. Hase*
limande *w. Kliesche, Rot-*
  zunge
limonade *w. Limonade*
liqueur *w. Likör*
lire *lesen*
lit *m. Bett*
literie *w. Bettzeug*

litre *m. Liter*
livre *m. Buch*
livre *w. Pfund*
Londres *w. London*
long *lang,* w. *longue*
longe *w. Nierenbraten*
longtemps *lange (lange Zeit)*
louche *w. Schöpflöffel*
lundi *m. Montag*
luxe *m. Luxus*

M

macaron *m. Makrone*
macaroni *m. Makkaroni*
macédoine *w. verschiedene*
  (gemischte) Gemüse
mâche *w. Nissel, Feldsalat*
madame *Frau, gnädige Frau*
mademoiselle *(mein) Fräulein*
madère *m. Madeirawein*
magasin *m. Laden, Kaufhaus*
  (grand magasin)
mai *m. Mai*
maigre *mager;* faire maigre
  Fasttag halten
maintenant *jetzt*
mais *aber, sondern*
mais oui *gewiß*
maison *w. Haus*
maître d'hôtel *Haushofmei-*
  ster, in feinen Restaurants:
  1. Oberkellner
majorer *erhöhen*
mal *schlecht (Umstandswort)*
mal à la gorge *m. Halsweh*
mal à la tête *m. Kopfweh*
mal à l'estomac *m. Magen-*
  weh
mal au cœur *Übelkeit*
mal aux dents *m. Zahnweh*

mal du pays *m. Heimweh*
malheureux *unglücklich,* w.
  malheureuse
malheureusement *leider*
malle *w. (großer) Reisekoffer*
mandarine *w. Mandarine*
mandat-poste *m. Postanwei-*
  sung
manger *essen*
manière *w. Art*
manteau *m. Mantel*
maquereau *m. Makrele*
marchand *m. Händler*
marchand de comestibles
  Delikatessen-, Feinkost-
  händler
marchand de vins *(kleiner)*
  Weinausschank
mardi *m. Dienstag*
mari *m. Gatte*
mariné *gebeizt*
marinade *w. Beize*
mark *m. Mark (Geld)*
marmelade *w. Marmelade,*
  Konfitüre
marmite *w. Kochtopf*
marmite en fer *eiserner*
  Kochtopf

marmite en terre *irdener Kochtopf*

marmiton *m. Küchenjunge*

marron *m. eßbare Kastanie*

mars *m. März*

matelote *w. Fischgericht in pikanter Soße*

matin *m. Morgen*

matinée *w. Morgen*

mauvais *schlecht*

méchant *boshaft, böse*

meilleur *besser*

meilleur marché *billiger*

mélanger *mischen, vermengen*

melon *m. Melone*

même *selbst, sogar*

menthe *w. Pfefferminz*

menthe verte *grüner Pfefferminzlikör*

menu *m. Speisenkarte, zusammengestelltes Menü*

mer *w. Meer*

merci *danke*

mercredi *m. Mittwoch*

mère *w. Mutter*

meringue *w. Meringe*

merlan *m. Weißfisch (Seefisch)*

merluche *w. Stockfisch*

mesdames *meine Damen*

mesdemoiselles *meine Fräulein*

messieurs *(meine) Herren*

métro *m. (Pariser) Untergrundbahn*

mets *m. Gericht, Speise*

midi (à) *12 Uhr mittags*

le Midi *m. Südfrankreich*

miel *m. Honig*

mieux *besser (Umstandsw.)*

millefeuille *m. mit Krem gefüllter Blätterteig, „Vanilleschnitte"*

minuit (à) *12 Uhr nachts*

minute *w. Minute*

mirabelle *w. Mirabelle (kleine gelbe Pflaume)*

mode *w. Art, Mode*

modéré, modique *mäßig*

modeste *bescheiden*

moelle *w. (spr. moal) Mark (im Knochen)*

moins (de) *weniger (als);* au moins *mindestens*

mois *m. Monat*

moitié *w. Hälfte;* à moitié *halb*

moka *m. Kaffeekremtorte*

monde *m. Welt;* tout le monde *jeder(mann), alles;* beaucoup de monde *viele Leute*

monnaie *w. Kleingeld, Währung*

monsieur *m. (mein) Herr*

monter *hinaufgehen, -steigen, -bringen, einsteigen*

montrer *zeigen*

monument *m. Denkmal, Monument*

se moquer de *sich lustig machen*

morceau *m. Stück*

morille *w. Morchel*

morue *w. gesalzener Stockfisch*

mort *tot*

mot *m. Wort*

mouiller *anfeuchten (K)*

moule *m. Form (K)*

moule *w. Muschel*

mourir *sterben*
mousse w. *Schaum, Krem*
mousseline w. *Schaum*
mousseux m. *Schaumwein*
  (nicht aus der Champagne)
moutarde w. *Senf*
mouton m. *Hammel, Schaf*
mulet m. *Seebarbe*
Munich m. *München*

munichois *münchnerisch*
muscat m. *Muskatellertraube*
museau m. *Schnauze, Maul*
museau de bœuf *Ochsenmaul*
musée m. *Museum*
music-hall m. *Variete*
musique w. *Musik*
mutton chop m. *(dickes)*
  Hammelkotelett

N

nappe w. *Tischtuch*
nationalité w. *Staatsange-*
  hörigkeit
naturel *natürlich, bei Spei-*
  sen: „einfach", w.naturelle
navarin m. *Hammelragout*
navet m. *weiße Rübe*
ne ... jamais *niemals*
ne ... ni ... ni *weder ...*
  noch
ne ... nulle part *nirgends*
ne ... pas *nicht*
ne ... pas encore *noch nicht*
ne ... personne *niemand*
ne ... plus *nicht mehr*
ne ... que *nur, erst*
ne ... rien *nichts*
neige w. *Schnee*
n'est-ce pas? *nicht wahr?*
nettoyer *reinigen*
neuf *neu, w. neuve*
neveu m. *Neffe*
niçoise (salade) *nach Art von*
  Nizza

nièce w. *Nichte*
Noël *Weihnachten*
noir *schwarz*
noisette w. *Haselnuß; Nüß-*
  chen (Kalb, Reh)
noix w. *Walnuß*
noix de muscade *Muskatnuß*
nom m. *Name*
nombre m. *Zahl*
non *nein*
non fumeur m. *Nichtraucher*
non plus *auch nicht*
note w. *Rechnung*
noter *notieren, aufschreiben*
nouilles w. *(immer Mehr-*
  zahl) (Band-) Nudeln
nouveau *neu (vor einem*
  Selbstlaut nouvel), w.
  nouvelle
nouvelle w. *Nachricht,*
  Neuigkeit
novembre m. *November*
nuit w. *Nacht*
numéro m. *Nummer*

O

occupé *besetzt*
octobre m. *Oktober*
odeur w. *Geruch, Duft*

œil m. *Auge (Mehrzahl les*
  yeux)
œuf m. *Ei (Mehrzahl les*
  œufs, spr. ö)

œuf à la coque *weiches Ei*
œuf à la mayonnaise *hartes Ei mit Mayonnaise*
œuf à la russe *russisches Ei*
œuf au bacon *Ei mit Speck*
œufs brouillés *Rühreier*
œufs durs *hartgekochte Eier*
œufs pochés *verlorene Eier*
œufs sur le plat *Spiegeleier*
offre w. *Angebot*
offrir *anbieten*
oie w. *Gans*
oignon m. *Zwiebel*
olive w. *Olive*
ombre m. *Renke*
omelette w. *Eierkuchen*
omelette aux champignons *Eierkuchen mit Pilzen*
omelette aux confitures *mit Marmelade gefüllter Eierkuchen*
omelette aux fines herbes *Eierkuchen mit feinen Kräutern*
omelette au jambon *Eierkuchen mit Schinken*
omelette Parmentier *Eier-kuchen mit Bratkartoffeln gefüllt*
omelette nature *einfacher Eierkuchen*
omnibus m. *Personenzug*
oncle m. *Onkel*
opéra m. *Oper*
orange w. *Orange, Apfelsine*
orangeade w. *natürliche Orangenlimonade*
orchestre m. *(spr. orkestr) Orchester, Musikkapelle*
ordinaire *gewöhnlich (nicht gemein!)*
ordre m. *Rang, Ordnung*
oreille w. *Ohr*
oreiller m. *Kopfkissen*
orge w. *Gerste*
ortolan m. *Gartenammer*
oseille w. *Sauerampfer*
ou *oder*
ou .. ou *entweder ... oder*
où *wo, wohin*
oui *ja*
ouverture w. *Öffnung, Eröffnung*
ouvreuse w. *Platzanweiserin*
ouvrir *öffnen*

P

paille w. *Stroh(halm)*
pain m. *Brot*
pain bis (noir) *Schwarzbrot*
paner *panieren, mit Semmelbrösel bestreuen*
panier m. *Korb*
panier à salade *Salatkorb*
papier m. *Papier*
papier à lettre *Briefpapier*
papillote w. *Papierwickel; in Papier gebraten*
paprika m. *Paprika*
par *von, durch*
pardon! *Verzeihung!*
pareil *solch(e)* w. *pareille*
parents m. *Eltern*
parfait *vollkommen*
parfait m. *Art Eisbombe*
parfaitement *gewiß, vollkommen*
parfum m. *Duft, Parfüm; bei Süßspeisen Geschmack*

parfumé à la vanille *mit Vanillegeschmack*
Paris *m. Paris*
parisien *pariserisch, w.* parisienne
par jour *pro Tag, täglich*
parler *sprechen*
parmesan *m. Parmesankäse*
part *w. Teil;* de la part de qui? *von wem?*
partir (pour) *abreisen (nach)*
pas de *kein(e)*
pas de quoi *bitte (nur nach „danke"), keine Ursache*
pas du tout *durchaus nicht*
passer *reichen, hinüber-, vorbeigehen, zubringen*
passoire *w. Seiher*
pâte *w. Teig*
pâtes *w. (immer Mehrzahl) Teigwaren*
pâté *m. Pastete*
pâté en croûte *Fleischpastete*
pâté de foie *Leberwurst*
pâté de campagne *Landleberwurst*
pâtisserie *w. Backwerk, Konditorei*
patron *m. Arbeitgeber, Wirt, Besitzer*
patronne *w. Arbeitgeberin, Wirtin, Besitzerin*
paupiette *w. Roulade*
payer *bezahlen*
pays *m. Land*
pêche *w. Pfirsich*
pêche Melba *Pfirsich mit Eis und Schlagsahne*
peine *w. Mühe;* ça vaut la peine *das ist der Mühe wert*

pendant *während*
Pentecôte *w. Pfingsten*
percolateur *m. großer Kaffeefilterapparat*
perdreau *m. junges Rebhuhn*
perdrix *w. altes Rebhuhn*
père *m. Vater*
Périgueux *französische Stadt, (Handel mit Trüffeln, Gänseleberpasteten usw.)*
persil *m. (spr. persi) Petersilie*
persillé *mit Petersilie bestreut*
personne *w. Person*
personne . . . ne *niemand*
personnel *persönlich*
personnel *m. Personal*
petit *klein*
petit-beurre *m. Keks*
petite marmite *w. Suppe, in der Rindfleisch mit Gemüsen gekocht wurde (feinerer Ausdruck für: pot-au-feu)*
petit-gris *m. kleine, graue Schnecke*
petits pois *m. grüne Erbsen*
petits poissons frits *m. kleine gebackene Fische*
peu (de) *wenig;* un peu *ein wenig*
pièce *w. Stück, Zimmer, Faß*
pied *m. Fuß*
pigeon *m. Taube*
pincée *w. Prise (K), Messerspitze*
pintade *w. Perlhuhn*
pire *schlimmer*
pis *schlimmer (Umstandswort*

pissenlit *m. Löwenzahn (Salat)*

pistache *w. Pistazie*

place *w. Platz*

placer *hinstellen, hinlegen*

piquer *spicken*

plaisir *m. Vergnügen*

planche à découper *w. Schneidebrett*

plat *flach*

plat *m. Schüssel, Gericht*

plat du jour *Tagesgericht*

plateau *m. Tablett*

pleuvoir *regnen*

plongeur *m. Geschirrwäscher*

plume *w. Feder*

plus (de) *mehr*

plutôt *eher, lieber*

poêle *w. (spr. poal) Pfanne*

poêlé *in der Pfanne herausgebacken*

point *m. Punkt; à point gerade recht (gekocht, gebraten)*

pointes d'asperges *w. Spargelspitzen*

poire *w. Birne*

poireau *m. Porree (Lauch)*

pois *m. Erbse*

poisson *m. Fisch*

poissonnière *w. Fischkessel*

poitrine *w. Brust*

poivre *m. Pfeffer*

poivrer *pfeffern*

poli *höflich*

pomme *w. Apfel*

pomme de terre *w. Kartoffel*

pommes allumettes *Streichholzkartoffeln*

pommes boulangère *im Bratrohr geröstete Kartoffeln*

pommes chips *sehr dünne, in Fett herausgebackene Kartoffelscheiben*

pommes frites *fingerdick geschnittene, in Fett herausgebackene Kartoffeln*

pommes mousseline *Kartoffelpüree*

pommes paille *Strohkartoffeln*

pommes Pont-Neuf *in Butter geschwenkte Kartoffeln mit Petersilie*

pommes sautées *geröstete Kartoffeln*

pommes soufflées *gebackene Kartoffeln*

pont *m. Brücke*

porc *m. Schwein, Schweinefleisch*

porcelet *m. Jungschwein*

porte *w. Türe*

portefeuille *m. Brieftasche*

porter *tragen*

porteur *m. Gepäckträger*

portier *m. Portier*

porto *m. Portwein*

port-salut *m. französischer Käse*

portugais *portugiesisch*

possible *möglich*

poste *w. Post; bureau de poste Postanstalt*

poste restante *postlagernd*

pot *m. Topf*

potage *m. Suppe*

potage à la crème de ... *passierte Suppe*

potage à la fausse tortue *falsche Schildkrötensuppe*

potage à la purée de haricots *Bohnenpüreesuppe*

potage à la queue de bœuf *Ochsenschwanzsuppe*

potage à la semoule *Grießsuppe*

potage à la tomate *Tomatensuppe*

potage à l'oseille *Sauerampfersuppe*

potage au cresson *Brunnenkressesuppe*

potage au potiron *Kürbissuppe*

potage au tapioca *Sagosuppe*

potage au vermicelle *Fleischbrühe mit Fadennudeln*

potage aux légumes *Gemüsesuppe*

potage aux pâtes (d'Italie) *Fleischbrühe mit Teigwaren*

potage aux pointes d'asperges *Spargelspitzensuppe*

potage Julienne *Gemüsesuppe*

potage Parmentier *Kartoffelsuppe*

potage Saint-Germain *grüne Erbsensuppe*

potage Soubise (potage à l'oignon) *Zwiebelsuppe*

pot-au-feu m. *Suppe, in welcher Ochsenfleisch mit Gemüsen gekocht wurde*

potiron m. *Kürbis*

pouding m. *Pudding*

poularde w. *Masthuhn*

poule w. *Suppenhuhn*

poulet m. *Hühnchen*

poulette (à la poulette) *mit Eier-Butter-Soße*

pour *für, um zu*

pourboire m. *Trinkgeld*

pourquoi *warum*

pour que *damit*

pouvoir *können*

pouvoir m. *Macht, Vollmacht*

préférer *vorziehen*

prendre *nehmen (bei warmen Getränken: trinken)*

prendre feu *Feuer fangen*

prendre froid *sich erkälten*

prendre l'air *Luft schöpfen*

prendre pour *(fälschlich) für jemand halten*

préparer *herrichten*

pré-salé m. *Hammel, der auf salzigen Wiesen (am Meer) weidete*

se présenter *sich vorstellen*

presser *pressen*

pressé *eilig*

prêt *bereit, fertig*

prier *bitten, beten*

primeurs w. *Frühgemüse, Frühobst*

pris *besetzt*

prix m. *Preis*

probable *wahrscheinlich*

professeur m. *Professor, Lehrer*

se promener *spazieren gehen*

prononcer *aussprechen*

propre *sauber, reinlich*

provençal *provenzalisch (südfranzösisch)*

prune w. *Pflaume*

pruneau m. *gedörrte Pflaume*

purée w. *Püree, Brei*

Q

quai *m. Bahnsteig*
quand *wann, wenn*
quarante sous *(familiär)*
  2 Francs
quart *Viertel*
quartier *m. Stadtviertel*
que *daß, als, der (welcher)*
que . . . ? *was . . . ?*
que *welcher, welche, welches?*
  w. quelle
quelques *einige*
quenelles de brochet *w.*
  Hechtklößchen
qu'est-ce que . . . ? *was . . . ?*
qu'est-ce que c'est? *was ist?*

quetsche *w. Zwetschgen-*
  wasser
queue *w. Schweif, Schwanz*
qui? (qui est-ce qui?) *wer?*
qui? (qui est-ce que?) *wen?*
quiche lorraine *w. Lothringer*
  Pastete
quinze *fünfzehn*
quinze jours *vierzehn (!) Tage*
quinzaine *ca. fünfzehn, etwa*
  vierzehn Tage
quinze mois *eineinviertel Jahr*
quittance *w. Quittung*
quitter *verlassen*
quoi! *was!*
quoique *obwohl, obgleich*

R

râble *m. Rücken des Hasen*
radio *w. Rundfunk, Radio-*
  apparat
radis rose *m. Radieschen*
rafraîchir *kaltstellen, kühlen*
ragoût *m. Ragout*
raie *w. Rochen*
raifort *m. Meerrettich*
raisin *m. Weintraube*
raisin sec *m. Rosine*
raison *w. Vernunft, Grund;*
  j'ai raison *ich habe recht*
râpe *w. Reibeisen*
râper *reiben (K)*
rapide *schnell, rasch*
rare *selten*
rate *w. Milz*
ravier *m. Hors-d'œuvre-*
  Schale
ravioli *m. Teigwaren mit*
  Fleischfüllung
réception *w. Empfang*

recette *w. Rezept*
recevoir *empfangen, erhalten*
réciter *aufsagen*
réclame *w. Reklame*
réclamer *reklamieren*
recommander *empfehlen*
recommandé *bei Briefen:*
  „eingeschrieben"
reçu *m. Quittung, Empfangs-*
  bestätigung
réduire *herabsetzen, ein-*
  kochen (Saft, Soßen)
regarder *betrachten, ansehen*
registre *m. Fremdenbuch*
régler *regeln, bezahlen*
remercier *danken*
rémoulade *w. Remuladensoße*
remplacer *ersetzen, vertreten*
remplir *füllen*
remuer *rühren (K)*
rendre *zurück-, herausgeben*

rendre (un) service *einen Dienst erweisen*
se rendre à (en) *sich begeben*
se rendre compte de *gewahr werden, bemerken*
renommé *berühmt, wohlbekannt*
renommée w. *Ruf*
renseignement m. *Auskunft*
rentrer *zurückkehren*
renvoyer *wegschicken, entlassen*
réouverture w. *Wiedereröffnung*
repas m. *Mahl, Essen*
répéter *wiederholen*
répondre *antworten*
réponse w. *Antwort*
restaurant m. *Gasthaus*
rester *bleiben*
retard m. *Verspätung*
retarder *nachgehen*
retenir *zurückbehalten, reservieren*
retenue w. *Abzug (beim Lohn)*
retourner *zurückkehren*
retourner sur ses pas *seinen Weg wieder zurückgehen*
revenir *wiederkommen*, (faire) revenir *abbräunen (K)*
revoir *wiedersehen; au revoir auf Wiedersehen*
rez-de-chaussée m. *Erdgeschoß*
rhum m. *Rum*

rillettes (du Mans) *Art Schweinefleischpaste*
rire *lachen*
ris m. *Bries, Kalbsmilch*
risquer *riskieren, Gefahr laufen*
riz m. *Reis*
robe w. *Kleid*
rognon m. *Niere (als Gericht)*
romaine w. *Sommerendivie*
Rome w. *Rom*
rondelle w. *runde Scheibe*
roquefort m. *franz. Käse*
rosbif m. *(aus engl. „roastbeef") ausgebeintes Ochsenrippenstück, Portion davon*
rosé d'Anjou m. *Roséwein*
rôt m. *Braten (selten)*
rôti m. *Braten*
rôtir *braten*
rôtisserie w. *feines Restaurant mit gebratenen Spezialitäten*
rouget m. *Rotbarbe*
roulade w. *Roulade*
roussir *bei starkem Feuer bräunen*
rouvrir *wieder eröffnen*
roux m. *Mehlschwitze, Einbrenne*
rue w. *Straße*
rumsteak m. *Rumpsteak*
russe *russisch*
Russie w. *(immer mit dem Artikel) Rußland*

S

sac m. *Sack, Tasche*
safran m. *Safran*

saignant *(„blutend"), bei gebratenem Fleisch: halb durch*

saindoux *m. Schweinefett*

saisir *bei starkem Feuer anbraten (K)*

saison *w. Jahreszeit*

salade *w. Salat*

saladier *m. Salatschüssel*

saler *salzen, einsalzen, pökeln*

salière *w. Salzfaß*

salir *beschmutzen*

salle *w. Saal*

salle à manger *Speisesaal*

salle de bains *Badezimmer*

salmis *m. Ragout von Wildgeflügel*

salon de lecture *m. Lesezimmer*

salon de correspondance *m. Schreibzimmer*

salon de thé *m. Teestube*

saluer *grüßen*

salutation *w. Gruß*

samedi *m. Samstag*

sandwich *m. belegtes Brot*

sanglier *m. Wildschwein*

sans *ohne*

sans que *ohne daß*

santé *w. Gesundheit; à votre santé auf Ihr Wohl!*

sarcelle *w. Knäkente*

sardine *w. Sardine*

sauce *w. Soße, Brühe*

sauce béarnaise *Soße mit Butter, Eigelb und Zitrone*

sauce béchamel *weiße Rahmsoße*

sauce à la crème *Rahmsoße*

sauce (au) beurre noir *mit gebräunter Butter*

sauce aux câpres *Kapernsoße*

sauce au curry *Currysoße*

sauce au vin blanc *Weißweinsoße*

sauce chaudeau *warme Weinsoße*

sauce financière *feine Hühnersoße (zur Füllung von Pasteten)*

sauce hollandaise *holländ. Soße (Eigelb, Butter, Essig)*

sauce lyonnaise *Zwiebeln mit Weißwein gebräunt, Tomaten und Champignons*

sauce madère *Madeiraweinsoße*

sauce maître d'hôtel *mit Butter, Petersilie u. Zitronensaft*

sauce mayonnaise *mit Eigelb, Öl, Salz, Pfeffer und Essig*

sauce mousseline *Schaumsoße*

sauce Périgueux *mit Trüffeln, Champignons, Kräutern*

sauce piquante *mit Butter, Mehl, fetter Bouillon und Essig*

sauce poivrade *Pfeffersauce*

sauce poulette *Eier-Butter-Soße*

sauce ravigote *mit gehacktem Eigelb, Essig, Öl, Petersilie, Salz und Pfeffer, etwas Knoblauch*

sauce rémoulade *wie sauce ravigote, aber mit Senf*

sauce Robert *(warm) Butter, Zwiebeln, Bouillon, Essig und Senf*

sauce tartare *(kalt) ähnlich der s. mayonnaise, aber mit Senf*

sauce tomate *Tomatensoße*
sauce vinaigrette *ähnlich der*
  s. ravigote, *aber ohne Ei-*
  gelb
saucier *m. Soßenkoch,*
  Saucier
saucière *w. Soßenschüssel*
saucisse *w. Schweins-, Brat-*
  würstchen
saucisson *m. (größere) Wurst*
saumon *m. Lachs*
saumon fumé *Räucherlachs*
saupoudrer *bestreuen (K)*
sauter *in Butter schwenken,*
  braten
sauvage *wild*
savarin *m. mit Rum getränk-*
  ter Kuchen
savoir *wissen, können (was*
  man gelernt hat)
savon *m. Seife*
sec *w. sèche trocken, herb (W)*
seconde *w. Sekunde*
sel *m. Salz*
selle *w. Rücken kleiner*
  Schlachttiere
semaine *w. Woche*
semoule *w. Grieß*
sens *m. Sinn, Richtung*
sentir *riechen, fühlen*
septembre *m. September*
serveuse *w. Kellnerin*
service *m. Dienst, Bedienung*
service compris *Bedienung*
  mit inbegriffen
serviette *w. Serviette, Hand-*
  tuch
servir *bedienen, auftragen*
seulement *nur*
si *so, falls, wenn, ja doch*
s'il vous plaît (s.v.p.) *bitte*

simple *einfach*
siphon *m. Selterwasserflasche*
sirop *m. Fruchtsirup*
six mois *halbes Jahr*
smoking *m. Smoking*
sœur *w. Schwester*
soif *w. Durst*
soir *m. Abend*
soirée *w. Abend, Abendvor-*
  stellung
soisson *m. große weiße Bohne*
soit *es sei, meinetwegen*
soit ... soit *entweder ... oder*
sole *w. Seezunge*
soleil *m. Sonne*
sommeil *m. Schlaf*
sommelier *m. Weinkellner*
sonner *läuten, klingeln*
sortie *w. Ausgang*
sortir *ausgehen*
soucoupe *w. Untertasse, Un-*
  tersätzchen
soufflé *m. Auflauf*
souffler *in Fett aufblähen*
souffrir *leiden*
soulever *aufheben*
soulier *m. Halbschuh*
soupe *w. Suppe (nur bei eini-*
  gen Spezialitäten, sonst: le
  potage)
soupe à l'oignon *Zwiebel-*
  suppe mit geriebenem Käse
  und gerösteten Brotschnit-
  ten
soupe aux choux *Kohlsuppe*
soupe gratinée *Suppe mit*
  Kruste
souper *zu Abend essen, sou-*
  pieren
souper *m. spätes Abendessen*

soupière w. *Suppenschüssel*
sourire *lächeln*
sous *unter*
se souvenir de *sich erinnern*
souvenir m. *Andenken*
souvent *oft*
spaghetti m. *Spaghetti*
spécialité w. *Spezialität*
splendeur w. *Pracht*
square m. *Platz (in der Stadt)*
station w. *Halteplatz*
steak m. *Beefsteak*
steak au poivre *Pfeffersteak*
sucre m. *Zucker*
sucré *süß, gezuckert*

sucrer *zuckern*
suffire *genügen*
Suisse w. *(immer mit dem Artikel) Schweiz*
suisse *schweizerisch*
Suissesse w. *Schweizerin*
(petit) suisse *Rahmkäschen*
suite w. *Folge, Fortsetzung;*
tout de suite *sofort*
suivre *folgen*
supplément m. *Zuschlag*
sur *auf*
sûr *sicher*
sûrement *sicherlich, gewiß*

T

tabac m. *(spr. taba) Tabak*
table w. *Tisch*
tablier m. *Schürze*
se taire *schweigen*
tamis m. *Sieb*
tanche w. *Schleie*
tant *soviel, so sehr*
tante w. *Tante*
tapioca m. *Sago*
tapis m. *Teppich*
tard *spät*
tarte w. *Obstkuchen*
tarte au fromage *Käsepastete*
tartelette w. *Obsttörtchen*
tasse w. *Tasse*
taverne w. *Weinwirtschaft*
taxi m. *Taxi*
télégramme m. *Telegramm*
téléphone m. *Telefon*
temps m. *Zeit, Wetter*
téléviseur m. *Fernsehapparat*
télévision f. *Fernsehen*
tendre *zart*

tenez! *da! nehmen Sie!*
tenir *halten*
tenue w. *Haltung, Anzug*
terrasse w. *Terrasse*
terrine de ... w. *in der Schüssel*
tête w. *Kopf*
thé m. *Tee*
théâtre m. *Theater*
théière w. *Teekanne*
thon m. *Thunfisch*
thym m. *Thymian*
tiède *lauwarm*
tiens! *da! nimm!, ei! schau! so?*
timbale w. *becherförmige Pastete*
timbre-poste m. *Briefmarke*
tire-bouchon m. *Korkzieher*
tirer *ziehen*
tirer le vin *den Wein auf Flaschen füllen, abziehen*
tiroir m. *Schublade*

toilette *w. Toilette, Abort*
tomate *w. Tomate*
tomber *fallen*
toque *w. Mütze (des Kochs)*
tort *m. Unrecht;* j'ai tort *ich habe unrecht*
tortue *w. Schildkröte;* en tortue *auf Schildkrötenart*
toucher à *rühren an*
toujours *immer*
tour *m. Tour, Reihe;* c'est mon tour *ich bin an der Reihe*
tour *w. Turm;* Tour Eiffel *(spr. äfäl) Eiffelturm*
tournedos *m. mit Speck umwickeltes Filetstück, gebraten*
tournée *w. Runde (beim Trinken)*
tourner *drehen, wenden; sauer werden (K, W)*
tourte *w. warme Fleisch- oder Fischpastete*
tous *alle*
tout *alles, ganz, jeder beliebige;* tout le monde *jeder, alles;* tout à fait *ganz und gar;* tout de suite *sofort;* tout à l'heure *vorhin, gleich;* à tout à l'heure! *bis nachher!* tout droit *(ganz) gerade aus;* en tout cas *auf*

jeden *Fall;* pas du tout *durchaus nicht;* rien du tout *gar nichts*
train *m. Zug;* le train de ... *der Zug von;* le train pour ... *der Zug nach*
train direct *durchgehender Zug*
train omnibus *Personenzug*
tramway *m. Straßenbahn*
tranche *w. Schnitte, Scheibe*
tranche napolitaine *verschiedenfarbige Eisschnitte*
trancheur *m. Vorschneider*
tranquille *(spr. -kiel) ruhig*
travail *m. Arbeit* (les travaux)
travailler *arbeiten*
traverser *überschreiten*
tremper *einweichen (K)*
très *sehr*
tripes *w.* (à la mode de Caen, *spr. kã), Kutteln*
se tromper *sich täuschen, irren*
trop *zu, zu sehr, zuviel*
trouble *trüb (W)*
trouver *finden*
truffe *w. Trüffel*
truffer *mit Trüffeln spicken, füllen*
truite *w. Forelle*
turbot *m. Steinbutt*
turbotière *w. Steinbuttpfanne*

U

U.R.S.S. *(immer mit dem Artikel) Rußland (U.d.S.S.R.)*

utile *nützlich*

V

vaisselle *w. Geschirr*
valise *w. Handkoffer*

valoir *wert sein, gelten*
vanille *w. Vanille*

vanneau *m. Kiebitz*
vapeur *f. Dampf*
varié *verschiedenartig*
vaut *gilt, ist wert*
veau *m. Kalb*
veau Marengo *Kalbsragout
    mit Tomaten u. Weißwein*
végétarien *vegetarisch*
vendre *verkaufen*
vendredi *m. Freitag*
venir *kommen;* venir de . . .
    soeben etwas getan haben
vent *m. Wind*
verbe *m. Tätigkeitswort*
vermicelle *m. Fadennudel*
vermouth *m. Wermutwein*
verre *m. Glas*
verser *gießen, einschenken*
vert *grün*
veste *w. Jacke*
vestiaire *m. Garderobe*
vêtement *m. Kleidung, Ge-
    wand*
viande *w. Fleisch*
viande froide (assortie) *Auf-
    schnitt*
vider *leeren*
vie *w. Leben*
Vienne *w. Wien*
vieux *alt;* vor Selbstlaut
    vieil; *w.* vieille

vif *lebhaft,* w. vive
ville *w. Stadt*
vin *m. Wein*
vin chaud *Glühwein*
vinaigre *m. Essig*
vinaigrette *w. (Fleisch) mit
    Essig und Öl*
vingtaine *m. ungefähr zwan-
    zig*
vite *schnell (Umstandswort)*
vivant *lebendig*
voici *hier ist, hier sind*
voilà *dort ist, dort sind*
voir *sehen*
voiture *w. Wagen;* en voi-
    ture *einsteigen!*
volaille *w. Geflügel*
vol-au-vent *m. große, ge-
    füllte Blätterteigpastete,
    Pastetenhaus*
volontaire *m. Freiwilliger*
volonté *w. Wille*
volontiers *gern*
vouloir *wollen*
voyage *m. Reise*
voyager *reisen*
voyageur *m. Reisender*
vrai *wahr, echt*
vraiment *wahrhaftig*
vue *w. Aussicht, Ansicht*

W

water-closet *m. (W.C.) Abort* (besser la toilette)

Y

yaourt, yoghourt *m. Joghurt*

Z

zéro *m. Null*
zeste (de citron) *m. Zitronen-
    schale*

zinc *(spr. „c" wie „g") (fami-
    liär) Theke*

2. Deutsch-Französisch

A

Aal anguille w.
abbräunen (faire) revenir *(K)*
Abend soir *m.*, soirée w.
Abendessen dîner *m. (spät*
  nachts: souper *m.)*
Abendvorstellung soirée w.
aber mais
abfahren partir
Abfahrt départ *m.*
abgemacht entendu
Abort toilette w. water-
  closet *m. (W. C.)*
abreisen (nach) partir (pour)
Abreise départ *m.*
abschäumen écumer
abschöpfen (Fett) dégraisser
absolut absolu (absolument)
absteigen descendre
abtragen desservir
abtrocknen essuyer
abziehen tirer *(W)*
Abzug retenue w.
Adresse adresse w.
Adreßbuch bottin *m.*
Akzent accent *m.*
Alkohol alcool *m.*
alles tout
allgemein général (générale-
  ment)
Alose, Alse alose w.
als comme, que
alsdann, hierauf ensuite
also donc
alt vieux *(vor Selbstlaut:*
  viel), w. vieille; *ehemalig*
  ancien, w. ancienne
Alter âge *m.*

Amerika Amérique w. *(im-*
  mer mit dem Artikel)
amerikanisch américain
am Spieß gebraten à la
  broche, brochette
Ananas ananas *m.*
anbieten offrir
anbraten saisir *(K)*
Anchovis (filet d')anchois *m.*
andere(r) autre
anfangen commencer
anfeuchten mouiller *(K)*
angeben (Adresse) indiquer
Angebot offre w.
angehen (von Zündhölzern)
  prendre
Anislikör anisette w.
ankommen arriver
Ankunft arrivée w.
annehmen accepter
anrichten dresser *(K)*
ansehen, betrachten regarder
Ansicht (Aussicht) vue w.
Ansicht (Meinung) avis *m.*
antialkoholisch, Antialkoho-
  liker antialcoolique
Anzahl nombre *m.*
Anzug tenue w.
Apfel pomme w.
Apfelbrottorte charlotte de
  pommes w.
Apfelkompott compote de
  pommes w.
Apfelsine orange w.
Apfelschnaps calvados *m.*
Apfelwein cidre *m.*
Apparat appareil *m.*

139

Appetit appétit *m.*
appetitanregendes Getränk
   apéritif *m.*
appetitlich appétissant
Aprikose abricot *m.*
April avril *m.*
Arbeit travail *m.* (les travaux)
arbeiten travailler
Arbeitgeber patron *m.*
Arbeitgeberin patronne *w.*
sich ärgern se fâcher
Aroma parfum *m.*
aromatisch parfumé
Art (und Weise) façon *w.*,
   manière *w.*, mode *w.*
artig, nett gentil, *w.* gentille
   (von Personen und Sachen)
Artischocke artichaut *m.*
Artischockenboden fond d'ar-
   tichaud *m.*
Äsche ombre *m.*
Aschenbecher cendrier *m.*
Aspik aspic *m.*
auch aussi
auch nicht non plus
auf sur
auf ... Art à la (manière,
   façon, mode de) ...
auf deutsche Art à l'allemande
Aufenthalt arrêt *m.*
auf Försterinart à la
   forestière
auf französische Art à la française
auf Haushofmeisterart à la
   maître d'hôtel
auf holländische Art à la hollandaise
auf Ihr Wohl à votre santé!

auf italienische Art à l'italienne
auf Jägerart à la chasseur
auf Matrosenart à la matelote
auf Müllerinnenart à la meunière
aufpassen faire attention
auf provenzalische Art à la
   provençale
auf russische Art à la russe
aufsagen réciter
auf Schildkrötenart en tortue
Aufschnitt viande froide assortie; assiette anglaise *w.*
auf Seemannsart à la marinière
aufspießen embrocher *(K)*
aufstehen se lever
*auftragen, bedienen, servie-
   ren* servir
Aufzug ascenseur *m.*
Auge œil *(spr. öj);* les yeux
   (spr. läsjö)
Augenblick moment *m.*
August (Monat) août *m.*
   (spr. u)
ausbeinen désosser *(K)*
Auserlesenes von ... suprême de
Ausgang sortie *w.*
ausgehen sortir
ausgesucht exquis
ausgezeichnet excellent,
   fameux
Ausguß évier *m.*
Aushilfskellner extra *m.*
Auskunft renseignement *m.*
ausnehmen (Geflügel) vider
   (K)
Aussicht vue *w.*

aussprechen prononcer
ausstatten garnir
aussteigen descendre

B

backen cuire
Backen, Backzeit cuisson w.
(K)
Bäcker boulanger m.
Backofen four m.
Backpflaume (gedörrte) pruneau m.
Backwerk pâtisserie w.
Bad bain m.
Badezimmer salle de bains w.
Bahnhof gare w.
Bahnsteig quai m.
bald bientôt
Banane banane w.
Bandnudeln nouilles w.
(Mehrzahl)
Bank (zum Sitzen) banquette w.
Bank (Geldinstitut) banque w.
Banknote billet m. (de banque)
Bar (Theke) bar m. *(familiär:* zinc m.)
Barbe barbeau m.
Barsch perche w.
bauen construire
Bauer paysan m.
Bayern la Bavière
bayrisch bavarois
bedecken couvrir
bedienen servir
Bedienung inbegriffen service compris
sich beeilen se dépêcher
sich begeben se rendre à

begießen arroser
beginnen commencer
begleichen régler
behaglich, gut eingerichtet confortable
bei chez (für Personen)
beifügen joindre
Beilage garniture w.
Beilagenänderung changement m. de garniture
bekannt connu
Bekanntschaft connaissance w.
Benediktiner (Likör) bénédictine w.
Benennung appellation w.
bequem confortable, commode
berechnen compter
berechtigen zu donner droit à
berühmt renommé, fameux
berühren toucher à
bescheiden modeste
beschmutzen salir
besetzt occupé, pris
Besitzer patron m.; propriétaire m.
Besitzerin patronne w.; propriétaire w.
besser meilleur *(Umstandswort:* mieux)
bestellen commander; faire une commande
Bestellung commande w.
bestreuen saupoudrer (K)

beten, bitten prier
betrachten, ansehen regarder
Bett lit *m.*
Bettdecke couverture *w.*
Bettuch drap *m.*
Bettzeug literie *w.*
betrunken ivre
beugen (Grammatik) conjuguer
bewohnen habiter
bezahlen payer
Bier bière *w.*
Biermarke jeton *m.*
Bierrestaurant brasserie *w.*
billig bon marché
billiger meilleur marché
binden lier *(K)*
Birne poire *w.*
bis jusque, jusqu'à
bis nachher à tout à l'heure
Biskuit biscuit *m.*
bitte s'il vous plaît (s. v. p.)
(jedoch nach „danke": à votre service; pas de quoi; de rien)
bitten, beten prier
bitter amer, a. amère
Blatt feuille *w.*
Blätterragout émincé *m.*
Blätterteig mit Krem millefeuille *m.*
Blätterteigpastete (kleine) bouchée *w.*
Blätterteigpastete (große) vol-au-vent *m.*
blau bleu
blau gesotten (Fisch) au bleu
Blaukraut chou rouge *m.*
bleiben rester
bleichen blanchir *(K)*
blond (bei Bier „hell") blond

Blume fleur *w.*, bouquet *(W) m.*
Blumenkohl chou-fleur *m.*
Blumenstrauß bouquet *m.*
blutend saignant
Blutwurst boudin *m.*
Bodensatz dépôt *m. (W)*
Bohne haricot *m.*
Bohne, große weiße soissons *m.*
Bohnen, rote haricots rouges
Bohne, weiße haricot blanc
Bohnen, grüne haricots verts
Bohnenpüreesuppe potage à la purée de haricots
Bordeaux, wie in B. à la bordelaise
Bordeauxwein bordeaux *m.*
böse, boshaft méchant
Bouillon bouillon *m.*, consommé *m.*
Branntwein eau-de-vie *w.*
braten rôtir
Braten rôti *m.*
Bratkartoffeln pommes (de terre) sautées *w.;* pommes frites *w.*
Bratrohr four *m.*
Bratspieß broche *w.*
Bratwurst, Schweinswurst saucisse *w.*
Brauerei brasserie *w.*
braun brun, marron; coloré, doré *(K)*
bräunen dorer; *bei starkem Feuer;* roussir
Brei (Püree) purée *w.*
breit *large*
breite Straße avenue *w.;* boulevard *m.*
brennen brûler

Brief lettre w.
Briefkasten boîte aux lettres w.
Briefmarke timbre(-poste) m.
Briefpapier papier à lettre m.
Brieftasche portefeuille m.
Briefträger facteur m.
Briefumschlag enveloppe w.
Briekäse (fromage de) Brie m.
Bries ris (de veau) m.
bringen apporter
Brot pain m.
Brot, belegtes sandwich m.
Brötchen petit pain m.
Brotschnitte, geröstete canapé m.

Brücke pont m.
Bruder frère m.
Brunnenkresse cresson m.
Brunnenkreßsuppe potage au cresson m.
Brüssel Bruxelles w.
Brust poitrine w.
Buch livre m.
Büchse, Schachtel boîte w.
Bückling hareng saur m.
Büfett buffet m.
bürgerlich bourgeois
Burgunderwein bourgogne m.
Büro bureau m.
bürsten brosser
Butter beurre m.

C

Camembert camembert m.
Champagner, Sekt champagne m.
Champagnerglas (Kelch) flûte w.

Champagnerschale coupe (à champagne) w.
Chambre separée cabinet particulier m.
Chicorée endive w.

D

da là
da! tiens! tenez!
da ist, da sind voilà
Dame dame w.
meine Dame, gnädige Frau madame
meine Damen mesdames
Damhirsch daim m.
damit pour que
Dampf vapeur w.
dämpfen étouffer, étuver *(bei gelindem Feuer:* mijoter) *(K)*

danke merci
danken remercier
dann alors, ensuite
das ist c'est
das macht (bei Rechnungen) ça fait
das sind ce sont
daß que
Dattel datte w.
Datum date w.
da unten, dort hinten là-bas
davon, deren en
Deckel couvercle m.

decken (Tisch) mettre le couvert

dekantieren décanter *(W)*

Delikatesse (Genuß) délice *m.*

Delikatessen (Feinkost) comestibles *m.*

Delikatessenhändler marchand de comestibles *m.*

Denkmal monument *m.*

Dessertteller assiette à dessert

deutlich distinct *(Umstandswort:* distinctement*)*

deutsch allemand

Deutschland l'Allemagne *w.*

Dezember décembre *m.*

dick gros, grosse

Dienstag mardi *m.*

Dienst service *m.*

Dienst erweisen rendre service

Dienstmädchen bonne *w.*

dies (das) cela, ça *(ohne Hauptwort)*

diese da celle-là ⎤
diese hier celle-ci ⎪
dieser da celui-là ⎬ *Einzahl*
dieser hier celui-ci ⎦

Ding, Sache chose *w.*

Direktor, Geschäftsführer gérant *m.*

doch (gern) bien; *nach verneinter Frage:* si

Dolmetscher interprète *m.*

Donnerstag jeudi *m.*

dort là

dorthin y

dort hinten là-bas

dort ist, dort sind voilà

Dose, Büchse, Schachtel boîte *w.*

drehen tourner

drollig drôle

Drossel (Krammetsvogel) grive *w.*

Duft odeur *w.*, parfum *m.*

Dummheit bêtise *w.*

dunkel (düster) sombre; *bei Bier:* brune

durch, von par

durch ... gehen passer par

durchaus nicht pas du tout

Durst soif *w.*

Dutzend douzaine *w.*

E

echt, wahr vrai

Ecke coin *m.*

Edamer Käse (fromage de) Hollande *m.*

Ehemann mari *m.*

eher, lieber plutôt

Ehre honneur *m.*

ei, schau! tiens!

Ei œuf *(öf) m.*, les œufs *(läsö)*

Eier, hartgekocht œufs durs

Eierkuchen omelette *w.*

Eierkuchen, einfach omelette nature

Eierkuchen, mit Bratkartoffeln gefüllt omelette Parmentier

Eierkuchen, mit feinen Kräutern omelette aux fines herbes

Eierkuchen, mit Marmelade gefüllt omelette aux confitures

Eierkuchen, mit Pilzen omelette aux champignons

Eierkuchen, mit Schinken omelette au jambon

Eierpflanze aubergine w.

Eierschwamm girolle w.

Eier, verlorene (verlaufene) œufs pochés

Eier, weiche œufs à la coque

Eigelb jaune d'œuf m.

eilig pressé; *ich habe es eilig* je suis pressé

Ei mit Mayonnaise œuf à la mayonnaise

Ei mit Speck œuf au bacon

einfach simple

einfach gekocht, gesotten au naturel, nature, bouilli

eingesalzen, gepökelt salé, à l'écarlate

einkochen (Soßen, Säfte) réduire *(K)*

einmal une fois

einrühren, verrühren délayer

einschenken verser

einschreiben inscrire

Einschreibebrief lettre recommandée w.

einstellen engager

eintreten entrer

einweichen tremper

ein wenig un peu

einwickeln envelopper

Eisenbahn chemin de fer m.

Eisenbahnkursbuch indicateur m.

Eis, Gefrorenes glace w.
gemischtes Eis: glace panachée

Eisbombe bombe glacée w.

Eisschnitte, verschiedenfarbige tranche napolitaine

Eisschrank glacière w.

Eiweiß blanc d'œuf m.

elegant chic, élégant

elektrisch électrique

Eltern parents m.

empfangen, erhalten recevoir

Empfangschef chef de réception m.

Empfang réception w.

empfehlen recommander

Ende fin w.

Ende der Leitung (Telefon) bout du fil m.

Endivie chicorée (frisée) w.

England l'Angleterre w.

englisch anglais *(in der Bedeutung „blutend":* saignant)

entdecken découvrir

Ente canard m.

Ente, junge caneton m.

enthalten contenir

entkorken déboucher

entlassen renvoyer

entsalzen dessaler

entschuldigen excuser

entweder ... oder ou ... ou, soit ... soit

Erbse pois m.

Erbsen, grüne petits pois

Erbsensuppe, grüne potage Saint-Germain m.

Erdbeere fraise w.

Erdgeschoß rez-de-chaussée m.

erfahren apprendre
erhalten, empfangen recevoir
erhöhen (um) majorer (de)
sich erinnern se souvenir de
erkältet enrhumé
sich erkälten prendre froid
erklären (als zollpflichtig) déclarer
erschwinglich abordable
ersetzen remplacer
erst ne ... que

ersten Ranges de premier ordre
erweisen (Dienst) rendre service
es ist nötig, man braucht il faut
essen manger
Essig vinaigre *m.*
mit Essig und Öl (à la) vinaigrette
Essiggurke cornichon *m.*
Estragon estragon *m.*

F

Fahrrad bicyclette *w.*
Fahrstuhl ascenseur *m.*
falls, wenn si
falsches Filet aloyau *m.*, faux-filet *m.*
Familie famille *w.*
fangen, nehmen prendre
Farbe couleur *w.*
Fasan faisan *m.*
Faßhahn cannelle *w.*, cannette *w.*
Fassungsvermögen contenance *w.*
Fasttag halten faire maigre
Februar février *m.*
Feder plume *w.*
Federwild gibier à plume m.
Feige figue *w.*
fein fin
feine Törtchen petits fours *m.*
fein zubereitet (à la) financière
Feldsalat mâche *w.*
Fenchel fenouil *m.*
Fenster fenêtre *w.*
Fernsehen télévision *w.*

Fernsehapparat appareil *(m.)* de télévision, téléviseur
fertig prêt; *ich bin fertig* j'ai fini
fest, unbeweglich fixe
fett gras, grasse
Fett graisse *w.*
Fettes du gras
Feuer feu *m.*
Feuerzeug briquet *m.*
Fieber fièvre *w.*
Filet filet *m.*
Filterkaffee café filtre *m.*
finden trouver
Fisch poisson *m.*
Fische (kleine) gebacken friture de ... *w.*
Fischkessel poissonnière *w.*
Fischpastete tourte *w.*
Fischsud court-bouillon *m.*
Fischsuppe (in Südfrankreich) bouillabaisse *w.*
flach plat
Fladen galette *w.*
Fläschchen, Schoppen carafon *m.*

Flasche bouteille w. (W), carafe w. *(für Wasser oder Wein)*

Fleisch viande w.

Fleischbrühe bouillon m., consommé m.

Fleischbrühe mit Fadennudeln potage au vermicelle m.

Fleischbrühe mit Nudeln potage aux pâtes (d'Italie) m.

Fleischklößchen, gebacken croquette w., fricadelle w.

Fleischpastete (kalt) pâté en croûte m.

Fleischpastete (warm) tourte w.

Fleischsaft jus (de viande) m.

Flügel aile w.

Flugplatz aéroport m.

Flugzeug avion m.

Flußkrebs écrevisse w.

Folge, Fortsetzung suite w.

folgen suivre

Forelle truite w.

Form moule m. (K)

Frack habit m.

Franc franc m.

frankieren, freimachen affranchir

Frankfurt Francfort m.

Frankreich la France w.

französisch français

Frau femme w. *(spr. famm)*; *gnädige Frau* madame

Fräulein (ein) demoiselle w.

Fräulein (Anrede) mademoiselle; *Mehrzahl* mesdemoiselles

frei libre

freimachen, frankieren affranchir

Freitag vendredi m.

Freiwillige volontaire m.

Fremder étranger; *die Fremde (das Ausland)* l'étranger m.

Fremdenbuch registre m.

Freund ami m.

Freundin amie w.

freundlich, liebenswürdig aimable

frieren avoir froid

frisch frais, w. fraîche

Friseur coiffeur m.

Frosch grenouille w.

Frucht fruit m.

Fruchtsaft jus de fruit m.

Frühgemüse primeurs w. *(auch Frühobst)*

Frühstück (morgens) petit déjeuner m.

Frühstück (zweites) déjeuner m.

frühstücken déjeuner

fühlen sentir

führen conduire

füllen remplir

Füllsel farce w.

für pour

Fuß pied m. *(spr. pjee)*

G

Gabel fourchette w.

Gallerte gelée w.

Gang, Hausflur corridor m., couloir m.

Gang (bei Mahlzeiten) service *m.; erster Gang (Vorgericht)* entrée *w.*
Gang (Besorgung) course *w.,* commission *w.*
Gans oie *w.*
Gänseleber foie gras *m.*
ganz tout
ganz und gar tout à fait
Garage garage *m.*
Garderobe vestiaire *m.*
Garnele crevette (grise) *w.*
garnieren garnir
gar nicht pas du tout
Garten jardin *m.*
Gartenammer ortolan *m.*
Gärtnerin jardinière *w.*
Gas gaz *m.*
Gast, Kunde client *m.*
Gasthaus restaurant *m.*
Gasthof auberge *w.*
Gatte mari *m.*
gebacken, gebraten frit
gebeizt mariné, en marinade
geben donner; *es gibt* il y a
gebraten (in Fett) frit; *im Stück* rôti; *auf dem Rost* grillé, au gril; *in sehr heißem Fett* soufflé
gedämpft étouffé, à l'étouffée; étuvé, à l'étuvée
Gedeck couvert *m.*
gedünstet, geschmort daubé; *in Buttersoße* à l'anglaise
gefallen plaire; *das lasse ich mir gefallen* à la bonne heure!
Geflügel volaille *w.*
Geflügelbrust suprême de ...
Geflügelklein abatis *m. m.*

Geflügelragout fricassée *w.*
Gefrorenes glace *w.*
Gefrorenes, buntfarbig, gemischt glace panachée *w.*
gefüllt farci
gegenüber en face (de)
gehackt haché
gehacktes Fleisch hachis *m.*
gehen aller
gekocht cuit *(gesotten:* bouilli)
gelb jaune
gelbe Rübe carotte *w.*
Geld argent *m.*
Geld (Kleingeld) (petite) monnaie *w.*
Geldbörse bourse *w.,* porte-monnaie *m.*
Geldstück pièce *w.*
Gelee gelée *w.*
gelten valoir
gleich (vorher, nachher) tout à l'heure
gemischtes Eis glace panachée *w.*
Gemse chamois *m.*
Gemüse légumes *m. (meist Mehrzahl)*
Gemüsesuppe potage aux légumes, potage julienne
genau exact, précis
Genf Genève *w.*
genug assez
genügen suffire
genügt Ihnen das? c'est bien tout?
Gepäck bagages *m. (meist Mehrzahl)*
Gepäckträger porteur *m.*
gepökelt à l'écarlate
gerade juste, justement

gerade richtig (gebraten)
à point
geräuchert fumé
Gericht (Speise) mets m.,
plat m.
Gericht des Tages plat du
jour
gern volontiers; *sehr gern*
avec plaisir
gern haben aimer
geröstet sauté
Gerstenschleimsuppe (potage
à la) crème d'orge w.
Geruch odeur w.
Geschäft affaire w.
Geschäft (Laden) magasin m.
Geschäftsführer gérant m.
Geschirr vaisselle w.
Geschirr spülen faire la vaisselle
Geschirrwäscher plongeur m.
Geschichtchen anecdote w.
Geschmack goût m.; *nach
meinem Geschmack* à mon
goût
geschmacklos (fad) sans goût
geschmort daubé, braisé
gesengt flambé *(K)*
gespickt lardé, piqué
gestern hier *(spr. iär)*
Gesundheit santé w.
Getränk boisson w.
gewinnen, verdienen gagner
gewiß certain, certainement
gewiß, allerdings mais oui
gewiß (vollkommen) parfaitement
gewöhnlich ordinaire
Gewürz épice w.
gilt vaut
Glas verre m.

Glas Bier (ca. 1/4 l) bock; *(ca.
2/5 l)* demi m.
glauben croire
glücklich heureux, w. heureuse
glücklicherweise heureusement
Glühwein vin chaud m.
Glut braise w.
gnädige Frau madame
gnädiges Fräulein mademoiselle
Goldbrasse dorade w.
goldbraun doré
Gourmand (Feinschmecker),
gourmet m.; gastronome m.
Granatapfelsirup grenadine
w.
gratis gratuit, à discrétion
grau gris
Grieß semoule w.
Grießsuppe potage à la semoule
Grog grog m.
groß grand
Grund (Boden, Ende) fond;
am Ende des Ganges au
fond du corridor
grün vert
Gründling goujon m.
grüne Bohnen haricots verts
m.
grüne Erbsen petits pois m.
grüßen saluer
Gurke (für Salat) concombre
m.
Gurke, kleine (Essig-) cornichon m.
gut bon, bonne
gut, wohl (Umstandswort)
bien

gut bürgerlich (à la) bonne femme

gut durch (gebraten) bien cuit

gut eingerichtet confortable

H

Haarwild gibier à poil *m.*
Hachse, Haxe jarret *m.*
hacken hacher
Hackmesser hachoir *m.*
Hahnenkamm crête *w.*
halb demi, à moitié; *eine halbe Stunde* une demi-heure; *eine halbe Flasche* une demi-bouteille; *ein halbes Dutzend* une demi-douzaine
halbmild demi-sec *(W)*
halb gebraten saignant („*blutend*")
Halbschuhe souliers *m.*
Hälfte moitié *w., zur Hälfte* à moitié
hallo! allo!
Hals, Kehle gorge *w.*
Halsweh mal à la gorge *m.*
halten tenir; *fälschlich für jemand halten* prendre pour
Haltung, Anzug tenue *w.*
Hammel mouton *m.*
Hammel, der auf salzigen Wiesen (am Meer) weidete pré-salé *m.*
Hammelkotelett côte de mouton *w.*
Hammelkotelett, dick mutton chop *m.*
Hammelragout navarin *m.,* haricot de mouton *m.*
Hammelragout mit Gans und weißen Bohnen cassoulet *m.*

Hand main *w.*
Handkoffer valise *w.*
Handtasche sac (à main) *m.*
Handtuch serviette *w.*
hart, zäh dur
Hartwurst saucisson sec *m.*
Haschee hachis *m.*
Hase lièvre *m.*
Hase, junger levraut *m.*
Haselhuhn gelinotte *w.*
Haselnuß noisette *w.*
Hasenpfeffer, Wildpfeffer civet *m.*
Hauptstadt capitale *w.*
Haus maison *w.*
Hausflur, Gang corridor *m.,* couloir *m.*
Haushofmeister maître d'hôtel *m.*
Hausmeister(in) (Privathaus) concierge, *m.* und *w.*
Hausmeister, Portier portier *m.*
Haxe jarret *m.*
Hecht brochet *m.*
Hechtklößchen quenelle de brochet *w.*
Heimweh mal du pays *m.*
heiß, warm chaud
heißen s'appeler
heizen chauffer
helfen aider
hell clair; *bei Bier:* blond
herausgeben rendre
herb sec *(W)*

Herd fourneau *m.*
herein entrez!
Hering hareng *(nicht apo-*
strophieren!) m.
Heringsfilet filet de hareng *m.*
Herr monsieur
Herr des Hauses patron *m.*
Herren messieurs
heruntersteigen descendre
Herz cœur *m.*
heute aujourd'hui
hier ici
hierauf, dann ensuite, alors
hier ist, hier sind voici
Himbeere framboise *w.*
hin y
hinabgehen, aussteigen descendre
hinaufgehen, -steigen, ein-
steigen monter
hinlegen, hinstellen placer
hinübergehen passer, traverser
hinzufügen ajouter
Hirn cervelle *w.*
Hirsch cerf. *m.*
Hirschkuh biche *w.*
Hitze chaleur *w.; schwache*

Hitze feu doux *m.; starke*
Hitze feu vif *m.*
hoch haut
höflich poli
holen aller chercher
holen lassen envoyer cher-
cher
Holz bois *m.*
Honig miel *m.*
hören entendre
Hörer (Telefon) récepteur *m.*
Hörnchen (Gebäck) croissant
m.
Hörnchennudeln coquillettes
w.
Hotel hôtel *m.*
Hoteldirektor directeur
d'hôtel *m.*
Hotelhalle hall *m.*
Hotelpage, Laufbursche chas-
seur *m.,* groom *m.*
hübsch joli
Huhn poulet *m.*
Huhn in Weinsoße coq au
vin *m.*
Hummer le homard
Hunger faim *w.*
Hut chapeau *m.*

I

Imbiß repas *m.;* casse-croûte
m.
im ersten Stock au premier
(étage)
immer toujours
immer gerade aus tout droit
im Ofen gebacken au four
im Schmortiegel gedünstet
en casserole

im zweiten Stock au deuxième (étage)
in dans, *bei Städten* à, *bei*
Ländernamen en
inbegriffen compris
in Butter geschwenkt sauté
in der Kasserolle gebraten en
cocotte
in der Schale en robe de
chambre

in der Schüssel en terrine
in Fett gebraten frit
in Gallerte en belle vue, à la gelée
in Muscheln, Schalen en coquille

in Speck gewickelt bardé
sich irren se tromper
ist est
Italien l'Italie *w.*
italienisch italien, *w.* italienne

J

ja oui
Jacke veste *w.*
Jahr an *m.*, année *w.*
auf Jägerart à la chasseur
Jahreszeit saison *w.*
Januar janvier *m.*
jedenfalls en tout cas
jeder (beliebige) tout
jeder (einzelne) chaque

jeder (alleinstehend) chacun
jedermann tout le monde

jetzt maintenant, à présent
Joghurt yaourt *m.*
Johannisbeere groseille *w.*
Johannisbeersirup, -likör cassis *m.*
Juli juillet *m.*
jung jeune
Jungkellner commis (de rang) *m.*
Jungkellnerin commise *w.*
Jungschwein porcelet *m.*
Juni juin *m.*

K

Kabarett cabaret artistique *m.*
Kabeljau cabillaud *m.*
Kaffee café *m.*
Kaffee (schwarzer) café nature
Kaffeefilterapparat percolateur *m.*
Kaffeehaus café *m.*
Kaffeekanne cafetière *w.*
Kaffee Melange café crème
Kalb, Kalbfleisch veau *m.*
Kalbsbries ris de veau *m.*
Kalbsnierenbraten longe de veau *w.*
Kalbsragout in weißer Soße blanquette *w.*
Kalbsragout mit Tomaten

und Weißwein veau Marengo *m.*
Kalbsschnitzel escalope *w.*
Kaldaunen, Kutteln tripes (à la mode de Caen) *w.*
kalt froid
kaltstellen frapper *(W)*
Kaninchen lapin *m.*
Kaninchenfleischpastete galantine de lapin *w.*
Kapaun (Masthahn) chapon *m.*
Kapern câpres *w.*
Kapernsoße sauce câpres *w.*
Karpfen carpe *w.*
Karpfen, junger carpillon *m.*
Karotte carotte *w.*
Kartoffel pomme de terre *w.*

Kartoffelpüree purée de pommes (de terre) *w.*
Kartoffelpüree auf Hackfleisch hachis Parmentier *m.*
Kartoffelsuppe potage Parmentier *m.*
Käse fromage *m.*
Käsepastete, kleine gnocchi *m. (spr. njoki)*
Käsepastete, große tarte au fromage *w.*
Kasserolle casserole *w.*, cocotte *w.*
Kassierin caissière *w.*
Kastanie (eßbare) marron *m.*
katholisch catholique
kaufen acheter
Kaufhaus grand magasin *m.*
Kaviar caviar *m.*
Kehle, Hals gorge *w.*
Keks petit-beurre *w.*
kein (ne . . .) pas (de)
keineswegs, durchaus nicht pas du tout
Keller cave *w.*
Kellner garçon *m.*
Kellnerin serveuse *w.*
Kellnerlehrling apprenti garçon *m.*
kennen connaître
Kenner connaisseur *m.*
Kenntnis connaissance *w.*
Kerbel cerfeuil *m.*
Kessel chaudron *m.*
Keule (Geflügel) cuisse *w.*
Keule, Schlegel (Kalb) cuisseau *m.*
Keule, Schlegel (Wild) cuissot *m.*
Kiebitz vanneau *m.*
Kind enfant *m.*

Kino cinéma *m.*
Kirche église *w.*
Kirsche cerise *w.*
Kirschlikör cherry brandy *m.*
Kirschwasser kirsch *m.*
klar clair
sich klar werden se rendre compte
Kleidung vêtement *m.*
klein petit
Kleingeld (petite) monnaie *w.*
Kloß, Knödel quenelle *w. (selten)*
Knäkente sarcelle *w.*
Knoblauch ail *m.*
Knoblauchwurst saucisson à l'ail *m.*
Knochen os *m. (spr. os)*, *Mehrzahl* les os *(spr. läso)*
Koch cuisinier *m.*
kochen faire la cuisine; *(sieden)* bouillir
Köchin cuisinière *w.*
Kochlehrling apprenti cuisinier
Kochlöffel cuiller en bois *w.*
Kochmütze toque *w.*
Kochtopf casserole *w.*, pot *m.*
Kognak cognac *m.*
Kohl chou *m., Mehrzahl* choux
Kohlsuppe soupe aux choux *w.*
Kolonialwarenhändler épicier *m.*
kommen venir
Kompott compote *w.*
Konditorei pâtisserie *w.*
können pouvoir; *gelernt haben* savoir
Kopf tête *w.*

Kopf des Schweins, Wild-schweins hure *w.*
Kopfkissen oreiller *m.*
Kopfsalat laitue *w.*
Kopfweh mal à la tête *w.*
Korb panier *m.,* corbeille *w.*
Kork bouchon *m.*
Korkzieher tire-bouchon *m.*
kosten (Geld) coûter; *(ver-suchen)* goûter, déguster *(W)*
köstlich délicieux, *w.* délicieuse
Kotelett côtelette *w.,* côte *w.*
Krabbe (große) crabe *m.;*
(Garnele) crevette *w.*
Kraftbrühe consommé *m.*
Kraftbrühe mit Nudeleinlage consommé aux pâtes (d'Italie) *m.*
krank malade
Krankenhaus hôpital *m.*
Krankheit maladie *w.*
Kraut (Kräuter) herbe *w.;* feine *Kräuter* fines herbes
Kraut (Kohl) chou *m.*
Krawatte cravate *w.*
Krebs écrevisse *w.*
Krebssuppe bisque d'écrevisse *w.*

Krem crème *w.*
Kremtörtchen chou à la crème *m.*
Kresse cresson *m.*
Kruste gratin *m., mit Kruste gebacken* au gratin, gratiné
Küche cuisine *w.*
Küchenchef chef (de cuisine) *m.*
Küchenjunge marmiton *m.*
Küchenkräuter fines herbes *w., (zusammengebunden)* bouquet *m.*
Küchenlehrling apprenti cuisinier *m.*
Kuchen gâteau *m.*
Kuchen, mit Rum begossen (groß) savarin *m., (klein)* baba *m.*
Kühlschrank frigidaire *m.*
Kümmellikör kummel *m.*
Kunde, Gast client *m.*
Kürbis potiron *m.*
Kürbissuppe potage au potiron *m.*
kurz court
Kusine cousine *w.*
Kuvert enveloppe *w.*

L

lachen rire
lächeln sourire
Lachs saumon m.
Laden magasin *m.*
Ladentisch comptoir *m.*
Lamm agneau *m.*
Land pays *m.*

Landleberwurst pâté de campagne *m.*
lang long, *w.* longue
langsam lent
Languste (großer Meerkrebs) langouste *w.*
Langustine langoustine *w.*

lassen (veranlassen) faire
lassen (zulassen) laisser
Lauch, Porree poireau *m.*
Lauchsuppe (potage à la)
  crème de poireaux
Laufbursche, Hotelpage chasseur *m.*
laufen courir
laufend, fließend courant
Laune, Stimmung humeur *w.;*
  guter (schlechter) Laune
  sein être de bonne (mauvaise) humeur
läuten sonner
lauwarm tiède
leben vivre
Leben vie *w.*
lebend vivant
lebhaft vif, *w.* vive
Lebensmittel comestibles *m.*
Lebensmittelhändler marchand de comestibles *m.*
Leber foie *m.*
Leberwurst (eine Art) pâté
  de foie *m.*
leer vide
Lehrling apprenti *m.*
leicht (Gewicht, Getränke)
  léger; *bei Zigarren* doux;
  (zu tun) facile
leiden souffrir
leider malheureusement
leise bas (parler bas)
Lende, Lendenbraten filet *m.*
Lende vom Ochsen, gebraten
  bifteck *m.*, steak *m.*
lernen apprendre
lesen lire

Lesen, Lektüre lecture *w.*
Lesezimmer salon de lecture *m.*
letzte(r) dernier, *w.* dernière
Leute gens *m.*
Licht lumière *w.*
lieb, teuer cher, *w.* chère *(für*
  Personen und Sachen)
lieben, gern haben aimer
liebenswürdig aimable
lieber, eher plutôt
lieber mögen, lieber essen
  aimer mieux
Liebling chéri *m.*, chérie *w.*
liefern fournir
Lift ascenseur *m.*
Likör liqueur *w.*
Limonade limonade *w.; Na-*
  turlimonade citron pressé
  m.; citronnade *w.*
linke gauche; *links* à gauche
Linse lentille *w.*
Liter litre *m.*
Löffel cuiller *w. (spr. küijär)*
Löffelbiskuit biscuit à la
  cuiller *m.*
Löffelvoll cuillerée *w.*
Lokal endroit *m.*, établisse-
  ment *m.*
London Londres *m.*
löschen éteindre
Lothringer Pastete quiche lor-
  raine *w.*
Luft air *m.*
Luft schöpfen prendre l'air
lustig machen sich se moquer
  de
Luxus luxe *m.*

M

machen, tun faire; *das macht nichts* ça ne fait rien
Macht, Vollmacht pouvoir *m.*
Madeirawein madère *m.*
Magen estomac *m.*
Magenweh mal à l'estomac *m.*
mager maigre
Mageres du maigre *m.*
Mahl, Mahlzeit repas *m.*
Mai mai *m.*
Makkaroni macaroni *m.*
Makrele maquereau *m.*
Makrone macaron *m.*
Mal fois *w.; zum ersten Male* pour la première fois
Mandarine mandarine *w.*
Mandel amande *w.*
Mantel manteau *m.*
Mark (Geld) mark (D-mark) *m.*
Mark (im Knochen) moelle *w.* *(spr. moal)*
Marmelade confiture *w.*
mäßig modéré, modique
Masthahn chapon *m.*
Masthuhn poularde *w.*
Matrosenart, auf à la matelote
Meer mer *w.*
Meerestiere fruits *(m.)* de mer
Meerkrebse (kleine graue), Garnelen crevettes (grises) *w.*
Meerkrebse (kleine rosarote) bouquet *m.*
Meerrettich raifort *m.*

Mehl farine *w.*
Mehlschwitze roux *m.*
Mehlspeise entremets *m.*
mehr plus (de)
meinetwegen soit, va
Melone melon *m.*
Menü menu *m.*
Meringe meringue *w.*
Messer couteau *m.*
Metzger, Fleischer boucher *m.*
Milch lait *m.*
Milchhändler laitier *m.*
mild doux, *w.* douce
Milz rate *w.*
Mineralwasser eau minérale *w.*
Minute minute *w.*
Mirabelle mirabelle *w.*
mischen mélanger
Mischgemüse macédoine *w.,* jardinière *w.*
mit avec
mit Essig und Öl (à la) vinaigrette
mit Gallerte à la gelée; en bellevue
mit gebräunter Butter au beurre noir
mitnehmen emporter *(von Personen:* emmener*)*
mit Speck umwickelt bardé
mit Trüffeln zubereitet truffé
mittags, um 12 Uhr à midi
Mittagessen déjeuner *m.*
Mittelrippenstück vom Rind entrecôte *w.*
Mittwoch mercredi *m.*

mit verschiedenen Gemüsen à la macédoine, à la jardinière

Mode mode *w.*

möglich possible

Monat mois *m.*

Montag lundi *m.*

Monument, Denkmal monument *m.*

Morchel morille *w.*

morgen demain; *bis morgen (auf Wiedersehen morgen)* à demain

Morgen matin *m.*, matinée *w.*

müde fatigué

Mühe peine *w.; das ist der Mühe wert* cela vaut la peine

Müllerin meunière *w.; auf Müllerinnenart* (à la) meunière

München Munich *m.*

Münchner, münchnerisch Munichois *m.*

Muschel (Tier) moule *w.*

Muschel, Schale coquille *w.; in Muschelschalen* en coquilles

Museum musée *m.*

Musik musique *w.*

Muskatellertraube muscat *m.*

Muskatnuß noix de muscade *w.*

Muster, Probe échantillon *m.*

Mutter mère *w.*

Mütze (des Kochs) toque *w.*

N

nach à, après

nach Belieben à discrétion

nach Gärtnerinnenart à la jardinière

nachgehen retarder

Nachmittag après-midi *m. und w.*

Nachricht nouvelle *w.*

Nacht nuit *w.*

Nachtlokal boîte de nuit *w.*

Nachtisch dessert *m.*

nachts 12 Uhr à minuit

Nahrungsmittel comestible *m.*

Name nom *m.*

Nase nez *m.*

natürlich naturel, *w.* naturelle; *Umstandswort* naturellement

Nebel brouillard *m.; es ist neblig* il fait du brouillard

neben à côté de

Neffe neveu *m.*

nehmen, fangen prendre

Nelke clou de girofle *m. (K)*

nein non

nennen nommer

nett, artig gentil *(spr. genti), w.* gentille

neu neuf, *w.*, neuve *(ungebraucht)*; nouveau, *w.* nouvelle

Neugier curiosité *w.*

Neuigkeit, Nachricht nouvelle *w.*

nicht ne ... pas

Nichtraucher non-fumeur *m.*

nichts ne ... rien

nicht wahr n'est-ce pas?

niederlegen sich, schlafen-
    gehen se coucher
niedlich gentil, w. gentille
niedrig bas, w. basse
niemals ne ... jamais
niemand ne ... personne
Niere (als Gericht) rognon *m.*
Nierenbraten longe w.
nirgends (ne ...) nulle part
Nisselsalat mâche w.
noch encore
Nordbahnhof Gare du Nord
    w.
notieren noter

nötig nécessaire; *es ist nötig*
    il faut (que)
November novembre *m.*
Nudeln (geschnittene) nouil-
    les w.
Nudelsuppe potage aux pâtes
    m.
Null zéro *m.*
Nummer numéro *m.*
nur seulement; ne ... que
Nürnberg Nuremberg *m.*
Nuß noix w.
Nußknacker casse-noix *m.*
nützlich utile

O

ob si
Ober, Kellner garçon *m.*
obgleich quoique
Obst fruits *m.*
Obstkuchen tarte (aux fruits)
    w.
Obsttörtchen tartelette w.
Obstsalat salade de fruits w.,
    fruits rafraîchis *m.*
Ochse, Ochsenfleisch bœuf *m.*
Ochsenlendenschnitte bifteck
    m., steak *m.*
Ochsenmaul museau de bœuf
    m.
Ochsenschwanzsuppe potage
    à la queue de bœuf *m.*
oder ou; *entweder — oder*
    ou ... ou; soit ... soit
öffnen ouvrir
Öffnung ouverture w.
oft souvent
ohne sans;
ohne daß sans que

Ohr oreille w.
Öl huile w.
Ölsardine sardine à l'huile w.
Oktober octobre *m.*
Olive olive w.
Omelette, Eierkuchen ome-
    lette w. *(verschiedene Zu-*
    bereitungsarten siehe un-
    ter „Eierkuchen")
Omnibus (Stadt) autobus *m.*
Omnibus (Überland) car *m.*
Onkel oncle *m.*
Oper opéra *m.*
Orange orange w.; *Orangen-*
    limonade orangeade w.
Orchester orchestre *m.* *(spr.*
    orkestr)
ordinär commun
Ordnung ordre *m.*
Ostbahnhof Gare de l'Est w.
Ostern Pâques w.
Österreich l'Autriche w.
österreichisch autrichien, w.
    autrichienne

P

Pampelmuse pamplemousse *m.*, grapefruit *m.*
paniert pané
Papier papier *m.; in Papier gebraten* en papillote
Paprika paprika *m.*
Parfüm parfum *m.*
Paris Paris *m.*
pariserisch parisien, *w.* parisienne
Parmesankäse parmesan *m.*
passend zusammenstellen assortir
Pastete becherförmige timbale *w.*
Pastete kalte pâté froid *m.*
Pastete warme pâté chaud *m.*
Pastetenhaus vol-au-vent *m.*
Perlhuhn pintade *w.*
Person personne *w.*
Personal personnel *m.*
Personenzug (train) omnibus *m.*
persönlich personnel, *w.* personnelle
Petersilie persil *m.*
Pfanne poêle *w. (spr.* poal*)*
Pfannkuchen crêpe *w.*
Pfeffer poivre *m.*
Pfeffergurke cornichon *m.*
pfeffern poivrer
Pfefferminz menthe *w.*
Pfefferminzlikör, -sirup (grün) menthe (verte) *w.*
Pfeffersoße sauce poivrade *w.*
Pfeffersteak steak au poivre
Pferd cheval *m., Mehrzahl* les chevaux

Pfingsten Pentecôte *w.*
Pfirsich pêche *w.*
Pfirsich mit Eis und Schlagsahne pêche Melba *w.*
Pflaume prune *w.*
Pflaume, kleine gelbe mirabelle *w.*
Pflicht devoir *m.*
Pfund livre *w.*
Pilz champignon *m.*
Pistazie pistache *w.*
Platte plat *m.*
Platz place *w.*, square *m.*
Platzanweiserin ouvreuse
Pökelzunge langue écarlate *w.*
Porree (Lauch) poireau *m.*
Portier portier *m.*, concierge *m.*
Portwein porto *m.*
Post (Postamt) (bureau de) poste
Post (ab- und eingehende) courrier *m.*
Postanweisung mandat-poste *m.*
Postkarte carte postale *w.*
postlagernd poste restante
Postpaket colis postal *m.*
Pracht splendeur *w.*
Preis prix *m.*
pressen presser
Prise pincée *(K)*
Probe, Muster échantillon *m.*
Professor professeur *m.*
Pudding crème renversée *w.*
putzen nettoyer

Q

Quittung acquit *m.*, quittance *w.*, reçu *m.*

R

Radieschen radis rose *m.*
Ragout ragoût *m.*
Ragout in weißer Soße (Kalb- oder Lammfleisch) blanquette *w.*
Ragout von Wildgeflügel salmis *m.*
Rahm crème *w.*
Rahmkäse (petit) suisse *m.*
Rahmsoße, weiße sauce béchamel *w.*
rasch rapide
Rathaus hôtel de ville *m.*
rauchen fumer
Raucher fumeur *m.*
räuchern fumer
Räucherlachs saumon fumé *m.*
Rautenscholle barbue *w.*
Rebhuhn, altes perdrix *w.*
Rebhuhn, junges perdreau *m.*
Rechnung addition *w.*, note *w.*, compte *m.*
recht juste
recht haben avoir raison
rechts à droite
regeln régler
Registrierkasse caisse enregistreuse *w.*
regnen pleuvoir
Reh chevreuil *m.*
reiben râper
Reibeisen râpe *w.*
reichen passer
reif (Käse) (bien) fait

Reihe tour *m.; ich bin an der Reihe* c'est mon tour
reinigen nettoyer
reinlich, sauber propre
Reis riz *m.*
Reise voyage *m.*
reisen voyager
Reisender voyageur *m.*
Reisekoffer malle *w.*
Reispudding gâteau de riz *m.*
Reklame réclame *w.*
reklamieren réclamer
Remouladensoße sauce rémoulade *w.*
Renke ombre bleu *m.*
Restaurant restaurant *m.; Bahnhofrestaurant 1. und 2. Klasse:* buffet *m.;* buvette *(Erfrischungsraum) w.*
Restaurantdirektor directeur de restaurant *m.*
Rezept recette *(K) w.*
richten (Bett, Zimmer) faire (le lit, la chambre); dresser *(K)*
Richtung, Sinn sens *m.*
riechen sentir
Rindsgulasch (Art) bœuf bourguignon *m.*
Rippenstück côte *w. (ausgebeint)* rosbif *m.*
riskieren risquer
Rochen raie *w.*
roh, ungekocht cru

Rohkost crudités w.
Rom Rome w.
Rosenkohl chou de Bruxelles m.
Rosine raisin sec m.
Rost, Gitter gril m., auf dem R. gebraten au gril, grillé
rot rouge
Rotbarbe rouget m.
rote Rübe betterave w.
Rotkohl chou rouge m.
Rotzunge limande m.
Roulade paupiette w., roulade w.
Rübe, gelbe carotte w.
Rübe, weiße navet m.
Rücken dos m.; R. des Hasens

râble m.; Rücken kleiner Schlachttiere selle w.
Rückenschnitten vom Fisch (von Haut und Gräten befreit) filet m.
Ruf renommée w.
rufen appeler
ruhig tranquille
rühren tourner
Rühreier œufs brouillés m.
Rum rhum m.
Rumpsteak rumsteak m.
Runde tournée (W)
Rundfunk radio w., T.S.F. w.
Rußland la Russie, l'U.R.S.S.
russisch russe; auf russische Art à la russe

S

Saal salle w.
Sache, Ding chose w.
Sack, Tasche sac m.
Safran safran m.
Saft jus m.
sagen dire
Sago tapioca m.
Sagosuppe potage au tapioca m.
Sahne crème w.
Sahnekäse Gervais m.
Salat salade w.
Salatkorb panier à salade w.
Salatschüssel saladier m.
Salz sel m.
salzen saler
Salzfaß salière w.
Samstag samedi m.
sanft, mild doux, w. douce
Sardelle, Anchovis anchois m.
Sardine sardine w.

sauber, reinlich propre
Sauce siehe Soße
Saucier saucier m.
sauer acide, aigre, sûr
sauer werden tourner (K)
Sauerampfer oseille w.
Sauerampfersuppe potage à l'oseille m.
Sauerkraut choucroute w.; S. mit Schinken und Würstchen choucroute garnie w.
Schachtel, Büchse, Dose boîte w.
Schaf, Schaffleisch mouton m.
Schale (Ei) coquille w., coque w. (Hors-d'œuvre) ravier m.; in der Schale (Kartoffeln) en robe de chambre
schälen éplucher (K)
Schaltiere crustacés m.
Schalotte échalote w.

Schalter *(für Billetten)* gui-
chet *m.*
Schaumgefrorenes, Schaum-
krem mousse *w.,* mousseline *w.*
Schaumlöffel écumoire *w.*
Schaumsoße sauce mousse-
line *w.*
Schaumwein mousseux *m.*
Scheibe tranche *w.*
scheinen, *die Sonne scheint*
il fait du soleil
Schellfisch aigrefin *m.,* aiglefin *m.*
Schenkel cuisse *w.*
Schicht couche *w. (K)*
schicken envoyer
schieben *(in den Backofen)*
enfourner *(K)*
Schildkröte tortue *w.; falsche*
Schildkrötensuppe potage
à la fausse tortue *m.*
Schinken jambon *m.*
Schlaf sommeil *m.*
schlafen dormir
Schlagsahne crème fouettée,
crème Chantilly *w.*
schlagen battre
schlecht mauvais; *Umstands-*
wort: mal; *mir ist schlecht*
j'ai mal au cœur
schlechter pire, *Umstands-*
wort: pis
Schlegel *(Kalb)* cuisseau *m.,*
(Wild) cuissot *m.*
Schleie tanche *w.*
Schleim *(bei Suppen)* crème
w.
schließen fermer
Schließung fermeture *w.*
Schloß *(Weingut)* château *m.*

Schlüssel clef *w. (spr. klee)*
schmecken, versuchen dé-
guster *(W),* goûter *(K)*
schmelzen fondre *(K)*
Schmorpfanne casserole *w.*
schmutzig sale
Schnecke, *kleine, graue* petit
gris *m., große (Weinbergs-*
schnecke) escargot *m.*
schneiden couper
Schneidebrett planche à découper *w.*
schnell rapide; vite *(nur Um-*
standswort)
Schnellzug rapide *m. (D-Zug)*
express *m.*
Schnitte tranche *w.; Schn.*
von gespicktem Kalbfleisch
fricandeau *m.*
Schnitzel escalope *w.*
Scholle carrelet *m.,* plie *w.*
schön beau *(vor Selbstlaut*
bel), *w.* belle
Schöpflöffel louche *w.*
Schrank armoire *w.*
schreiben écrire
Schreibtisch bureau *m.*
Schreibzimmer salon de cor-
respondance *m.*
Schrift écriture *w.*
Schublade tiroir *m.*
Schuh soulier *m.,* chaussure *w.*
Schuld dette *w.*
Schule école *w.*
Schulter épaule *w.*
Schürze tablier *m.*
Schüssel plat (creux), *m.*
terrine *w., in der Schüssel*
terrine de ...
Schwarte couenne *w. (spr.*
kwann)

schwarz noir; *bei Brot:* bis
Schwarzwurzel salsifis *m.*
Schweif queue *w.*, culotte *w.*
Schwein, Schweinefleisch
   porc *m.*
Schweinefett saindoux *m.*
Schweinefleischpastete (Art)
   rillettes *w.*
Schweinemetzger charcutier
   m.
Schweinswürstchen, Brat-
   wurst saucisse *w.*
Schweiz la Suisse
schweizerisch suisse
Schweizerin Suissesse *w.*
Schweizer Käse gruyère *m.*,
   emmenthal *m.*
schweigen se taire
schwer (Gewicht) lourd
schwer (schwierig) difficile
Schwester sœur *w.*
Seebarbe mulet *m.*
Seefisch poisson de mer *m.*
Seezunge sole *w.*
sehen voir
Sehenswürdigkeit, Denkmal
   monument *m.*
sehr très, beaucoup, bien
Seife savon *m.*
Seiher passoire *w.*
Sekt, Champagner cham-
   pagne *m.*
Sektglas (Kelch) flûte *w.*,
   (Schale) coupe *w.*
Sekunde seconde *w.*
Sellerie céleri *m.*
selten rare
Selterswasser eau de Seltz *w.*
Semmel petit pain *m.*
Semmelbrösel chapelure *w.*
Senf moutarde *w.*

Senfsoße (kalt) sauce rémoulade *w.*, *(warm)* sauce Robert *w.*
September septembre *m.*
Serviette, Handtuch serviette
   w.
servieren servir
Sessel fauteuil *m.*
sich setzen s'asseoir
sicher absolu, certain, sûr
sicherlich sûrement,
   certainement, sans doute
Sieb tamis *m.*
Silber argent *m.*
Silberzeug argenterie *w.*
Sinn, Richtung sens *m.*
sitzen être assis
Smoking smoking *m.*
so, doch, ja, wenn, ob si
Sodawasser eau de Seltz *w.*
Sodawasserflasche siphon *m.*
sofort tout de suite
sogar même
Sohn fils *m. (spr.* fis)
so ist's recht c'est cela (ça)
solch(e) pareil, *w.* pareille
Sommerendivie romaine *w.*
sonderbar drôle; *ein sonder-*
   barer Geschmack un drôle
   de goût
sondern mais
Sonnabend samedi *m.*
Sonne soleil *m.*
Sonntag dimanche *m.*
Soße sauce *w.*
Soße mit Butter, Eigelb, Zi-
   trone sauce béarnaise *w.*
Soße mit Butter, Petersilie
   und Zitronensaft sauce
   maître d'hôtel *w.*

Soße mit Eigelb, Öl, Salz, Pfeffer, Essig sauce mayonnaise w.

Soße mit Butter, Mehl, Bouillon, Essig sauce piquante w.

Soße mit gehacktem Eigelb, Essig, Öl, Petersilie, Salz, Pfeffer, Knoblauch sauce ravigote w.

Soße mit Trüffeln sauce Périgueux w.

Soße mit gebräunter Butter sauce (au) beurre noir w.

Soße mit Zwiebeln mit Weißwein gebräunt, Tomaten, Champignons sauce lyonnaise w.

Soßenkoch saucier m.

Soßenschüssel saucière w.

soupieren souper

soviel, so sehr tant

Spaghetti spaghetti m.

Spanferkel cochon de lait m.

Spanien l'Espagne w.

spanisch espagnol

Spargel asperges w. *(stets Mehrzahl)*

Spargelspitzen pointes d'asperges w.; *Spargelspitzensuppe* potage aux pointes d'asperges m.

Spaziergang promenade w.

spazieren gehen se promener

Speck lard m.

Speise mets m., plat m.

Speisehaus restaurant m.

Speisekarte menu m., carte du jour w.

Speisesaal salle à manger w.

Speiseschrank garde-manger m.

Spezialität spécialité w.

Spiegel glace w.

Spiegeleier œufs sur le plat m.

Spiegelschrank armoire à glace w.

Spiel jeu m., Mehrz. les jeux

Spielmarke, Biermarke jeton m.

Spieß broche w., brochette w.

Spinat épinards m. *(stets Mehrzahl)*

Sprache, Zunge langue w.

sprechen parler

Staatsangehörigkeit nationalité w.

Stachelbeere groseille à maquereau w.

Stadt ville w.

Stadtbezirk (in Paris) arrondissement m.

Stadtviertel quartier m.

Stallhase, Kaninchen lapin m.

Stammgast habitué m.

stark fort

Steinbutt turbot m.

Steinbuttpfanne turbotière w.

Steinpilz cèpe m.

Steppdecke couvre-pied m.

sterben mourir

Stint éperlan m.

Stockfisch merluche w., *(gesalzen)* morue w.

Stockwerk étage m.

Stör esturgeon m.

stören, unangenehm sein déranger

Straße rue w.

Straße, breite, bepflanzte avenue w., boulevard m.

Stück morceau m., pièce w.

Stuhl chaise w.
Stunde heure w.
stürzen (aus der Form) démouler (K)
suchen chercher
Suppe potage m. (seltener) soupe w.
Suppe, in welcher Ochsenfleisch mit Gemüsen gekocht wurde pot-au-feu m.

Suppenhuhn poule w.
Suppenschüssel soupière w.
Suppenteller assiette creuse w.
Suppenterrine soupière w.
Sülze gelée w.; aspic m.
süß sucré; doux (W)
Süßspeise entremets m.
Süßwasserfisch poisson d'eau douce m.

T

Tabak tabac m. (spr. taba)
Tabakverkauf débit de tabac m.
Tablett plateau m.
Tag jour m., journée w.
Tagesgericht, Tagesplatte plat du jour m.
täglich, pro Tag par jour
Tante tante w.
Tasse tasse w.
Tätigkeitswort verbe m.
Taube pigeon m.
sich täuschen se tromper
Taxe, Autodroschke taxi m.
Tee thé m.
Teekanne théière w.
Teestube salon de thé m.
Teig pâte w.
Teigwaren pâtes w.
Telefon téléphone m.; Telefonbuch annuaire (téléphonique) m.; Telefongespräch communication (téléphonique) w.; Telefonzelle cabine téléphonique w.

Telegramm télégramme m., dépêche w.
Teller assiette w.
Teppich tapis m.
Terrasse terrasse w.
teuer, lieb, cher, w. chère
Theater théâtre m.
Theke bar m. (familiär) zinc m., comptoir m.
Thunfisch thon m.
Thymian thym m.
Tiegel casserole w., cocotte w.
Tisch table w.
Tischlein guéridon m.
Tischtuch nappe w.
Tochter fille w. (spr. fij)
Toilette, Abort toilette w.
Tomate tomate w.
Tomatensoße sauce tomate w.
Tomatensuppe potage à la tomate m.
Topf pot m., casserole w., cocotte w.
Torte (mit Früchten, Sahne) tarte w.

Törtchen (Obst) tartelette *w.,*
  (sehr fein) petit four *m.*
Tour, Reihe tour *m.,* tournée
  w.
tragen porter
Trambahn tramway *m.*
trennen (Telefon) couper
trinken boire
Trinker buveur *m.*
Trinkgeld pourboire *m.*
Trinkstube, Bar bar *m.*

trocken sec, *w.* sèche
trüb trouble *(W)*
Trüffel truffe *w.; mit Trüffeln
  zubereitet* truffé
Truthahn dindon *m.; (junger)*
  dindonneau *m.*
Truthenne dinde *w.*
tun, machen faire
Türe porte *w.*
Turm tour *w.*

U

übermorgen après-demain
überschreiten traverser
übersülzt (Fleisch) glacé
übertreiben exagérer
Übung exercice *m.*
um zu pour
umsteigen (auf der Bahn)
  changer de train
unbekannt inconnu
und et
unendlich infini; *Umstandswort* infiniment

ungekocht, roh cru
unmöglich impossible
unrecht, ich habe unrecht j'ai
  tort
unter sous
Untergrundbahn (Paris)
  métro *m.*
Unterhaltung conversation *w.*
Unterredung entretien *m.*
Untertasse soucoupe *w.*

V

Vanille vanille *w. (spr. wanij)*
Vanillekrem crème à la vanille *w.*
Variete music-hall *m. (spr.*
  müsikol)
Vater père *m.*
verbinden, beifügen joindre
verbrennen brûler
verbringen passer
Verdauung digestion *w.*

*verdauungsförderndes alko-
  holisches Getränk* digestif
  m.
verdienen gagner
Verfügung disposition *w.*
Vergnügen plaisir *m.*
verkaufen vendre
verlassen quitter
verlaufene (verlorene) Eier
  œufs pochés *m.*

verschieden différent, varié
Verschwiegenheit discrétion w.
Verspätung retard *m.*
verrühren délayer *(K)*
verrückt fou, w. folle
versuchen (kosten) goûter, déguster *(W)*
versuchen (probieren) essayer
vertreten remplacer
verzehren consommer
verzeihen Sie pardon, excusez-moi
verzollen déclarer
Vesperbrot goûter *m.*
Vetter cousin *m.*
viel beaucoup (de)
Viertel quart *m.; Stadtviertel* quartier *m.*
Vierteljahr trois mois
Vierteliter Bier bock *m.,* quart *m.*
Viertelstunde quart d'heure *m.*

vierzehn Tage quinze jours, une quinzaine w.
voll plein
vollkommen parfait
Vollmacht pouvoir *m.*
von de
vor (zeitlich) avant; il y a
vorhin tout à l'heure
vorgestern avant-hier
vorbeigehen passer
Vorderviertel (vom Hammel, Kalb, Lamm, Schwein) carré *m.*
vorgehen avancer
voraus, im d'avance
vornehm, elegant chic, élégant
Vorschneider trancheur *m.*
Vorspeise hors-d'œuvre m.
(sich) vorstellen (se) présenter
vortrefflich excellent
vorwärts allons!
vorziehen préférer

W

Wachtel caille w.
Waffel gaufre w., *(kleine)* gaufrette w.
Wagen voiture w.
Wahl choix *m.; nach Wahl* au choix
wählen choisir
wahr, echt vrai
während pendant
wahrscheinlich probable; *Umstandswort* probablement
Währung monnaie w.
Walderdbeere fraise des bois w.

Waldschnepfe bécasse w.
Walnuß noix w.
wann, wenn quand
warm, heiß chaud
warmstellen chambrer *(W)*
warten attendre
warum pourquoi?
was que, qu'est-ce que
was! quoi! *(alleinstehend)*
Waschschüssel cuvette w.
Wasser eau w.
Wasserbad bain-marie *m.*
Wasserflasche carafe w.
Wasserschnepfe bécassine w.

wechseln (Geld) changer
weder ... noch ni ... ni
Weg chemin *m.*
wegen à cause de, pour cause de
wegnehmen enlever
wegschicken renvoyer
weich, durch (Käse) fait
weiches Ei œuf à la coque *m.*
Weichkäse, Camembert camembert *m.*
Weihnachten Noël *m.*
Wein vin *m.*
Weinausschank débit de vins *w.*
Weinbergschnecke escargot *m.*
Weinfaß fût *m.,* barrique *w.,* pièce *w.*
Weinflasche bouteille *w.,* carafe *w.*
Weinkarte carte des vins *w.*
Weinkellner sommelier *m.*
Weinrestaurant, Weinwirtschaft taverne *w.*
Weinsoße, warm chaudeau *m.*
Weintraube raisin *m.*
weiß blanc, *w.* blanche
weiße Rübe navet *m.*
Weißfisch merlan *m.*
Weißweinsoße sauce (au) vin blanc *w.*
Weißwurst (Art) boudin blanc *m.*
welcher, welche, welches quel, *w.* quelle
wen? qui?, qui est-ce que?
wenden, drehen tourner
sich wenden an s'adresser à
wenig peu (de)
weniger moins (de)

wenigstens au moins
wenn (zeitlich), wann quand
wenn (falls), ob si
wer? qui?, qui est-ce qui?
wer da? (Telefon) allo? (qui est à l'appareil?)
werden devenir
werfen jeter
Wermutwein vermouth *m.*
wert sein, gelten valoir
Wetter, Zeit temps *m.*
wichsen cirer
wie, als comme
wie? comment?
wie bitte? vous dites? plaît-il?
Wiedereröffnung réouverture *w.*
wiederholen répéter
wiederkommen revenir
wiedersehen revoir; *auf Wiedersehen* au revoir
Wien Vienne *w.*
wieviel combien (de)
wild sauvage
Wild, Wildbret gibier *m.*
Wildente canard sauvage *m.*
Wildgeflügel gibier à plume *m.*
Wild in Weißweinsoße gibelotte *w.*
Wildkaninchen lapin de garenne *m.*
Wildpfeffer, Hasenpfeffer civet *m.*
Wildschwein sanglier *m.*
Wille volonté *w.*
Wind vent *m.*
windig, es ist il fait du vent
Winkel coin *m.*
Winterendivie escarole *w.*

wirklich vrai; *Umstandswort* vraiment
Wirsingkohl chou de Milan *m.*
Wirt patron *m.*
wissen, können (was man gelernt hat) savoir
wo, wohin où
Woche semaine *w.*
wohl bien
Wohl, auf Ihr à votre santé
wohnen habiter

Wohnung appartement *m.*
Wolfsbarsch (Meer) bar *m.*
wollen vouloir
Wort mot *m.*
wünschen désirer
Wurst (große) saucisson *m.*
Wurst (kleine) saucisse *w.*
würzen assaisonner
Würze assaisonnement *m.*
wütend furieux, *w.* furieuse

Z

Zahl nombre *m.*
zahlen payer, régler
zählen compter
Zahn dent *w.*
Zahnweh mal aux dents *m.*
Zeche consommation *w.*
zeigen montrer
Zeit, Wetter temps *m.*
Zeitung journal *m., Mehrzahl* les journaux
Zentralheizung chauffage central *m.*
zerbrechen casser
zerlassen, schmelzen fondre *(K)*
zerschneiden découper
Ziegenkäse fromage de chèvre *m.*
ziemlich assez
Zigarette cigarette *w.*
Zigarre cigare *m.*
Zimmer chambre *w.*
Zimmerkellner garçon d'étage *m.*
Zimmermädchen femme de chambre *w.*

Zimt cannelle *w.*
Zitrone citron *m.*
Zitronenlimonade (natürlich) citron pressé *m.*, citronnade *w.*
Zitronenschale zeste (de citron) *m.*
Zitronensirup sirop de citron *m.*
Zoll douane *w.*
zu chez, à
zu Abend essen dîner; *(spät)* souper
zubinden (Geflügel) brider *(K)*
zu sehr trop
Zucker sucre *m.*
zuckern sucrer
Zuckerguß, überzogen mit glacé
Zug train *m.; der Zug nach* le train pour; *der Zug von* le train de...; *durchgehender Zug* train direct; *Personenzug* omnibus *m.*
zu Hause chez moi, chez toi etc.

zu Ihren Diensten à votre service

Zukunft avenir *m.; in Zukunft* à l'avenir

zulassen laisser

zu Mittag speisen déjeuner

Zündholz allumette *w.*

Zunge, Sprache langue *w.*

zurückbehalten, reservieren retenir

zurückgeben, herausgeben rendre

zurückgehen, einen Weg retourner sur ses pas

zurückkehren rentrer, retourner

zurücklassen laisser

Zusammenkunft entrevue *w.*

zusammenstellen assortir

Zuschlag supplément *m.*

zuviel trop (de)

Zwergbohne, junge flageolet *m.*

Zwetschgenwasser quetsche *w.*

Zwieback biscotte *w.*

Zwiebel oignon *m.*

Zwiebelsuppe soupe à l'oignon *w.*

zwischen entre

Zwischengericht entrée *w.*